高等教育信息化的改革与创新研究

贺天舒 著

图书在版编目（CIP）数据

高等教育信息化的改革与创新研究 / 贺天舒著. -- 北京：中国商务出版社，2022.12

ISBN 978-7-5103-4600-2

Ⅰ. ①高… Ⅱ. ①贺… Ⅲ. ①高等教育－信息化－研究－中国 Ⅳ. ①G649.2

中国版本图书馆CIP数据核字(2022)第245198号

高等教育信息化的改革与创新研究
GAODENG JIAOYU XINXIHUA DE GAIGE YU CHUANGXIN YANJIU

贺天舒　著

出　　版：	中国商务出版社
地　　址：	北京市东城区安外东后巷28号　　邮　编：100710
责任部门：	发展事业部（010-64218072）
责任编辑：	周青
直销客服：	010- 64515210
总 发 行：	中国商务出版社发行部（010-64208388　64515150）
网购零售：	中国商务出版社淘宝店（010-64286917）
网　　址：	http://www.cctpress.com
网　　店：	https://shop595663922.taobao.com
邮　　箱：	295402859@qq.com
排　　版：	北京宏进时代出版策划有限公司
印　　刷：	廊坊市广阳区九洲印刷厂
开　　本：	787毫米×1092毫米　1/16
印　　张：	10　　　　　　　　　　　　　　字　数：200千字
版　　次：	2023年2月第1版　　　　　　　　 印　次：2023年2月第1次印刷
书　　号：	ISBN 978-7-5103-4600-2
定　　价：	63.00元

凡所购本版图书如有印装质量问题，请与本社印制部联系（电话：010-64248236）

版权所有盗版必究（盗版侵权举报可发邮件到本社邮箱：cctp@cctpress.com）

前　言

现代教育信息化是在信息全球化大背景下产生的，信息技术是当今世界创新速度最快、通用性最广、渗透力最强的高技术之一，信息化是对人类生产生活方式影响最为深刻、对世界文明影响最为深远的高技术之一。

我国对于现代教育信息化一直十分重视。《国家中长期教育改革和发展规划纲要（2010—2020年）》专设一章阐述现代教育信息化，将其列为十个重大发展项目之一。现代教育信息化是促进教育改革创新和提高教学质量的有效途径，是教育信息化发展的创新前沿。高校应进一步加强基础设施和信息资源建设，重点推进信息技术与现代化教育的深度融合，促进教育内容、教学手段和方法现代化，创新人才培养、科研组织和社会服务模式，推动文化传承创新，促进现代教育质量全面提高。

为全面推进我国现代教育信息化发展进程，支持现代教育信息化建设。作者在广泛研究了大量相关资料的基础上，结合自身的实践经验和研究成果，以现代教育信息化为主题，特别撰写了《高等教育信息化的改革与创新研究》。

21世纪人类逐步踏入知识经济时代，知识经济时代创新的根本在于人才，而人才的教育与培养则是知识经济发展的强劲动力。当前，我国的社会发展和科技创新事业都要求加强人才的教育和培养，但由于长期受传统教授模式的影响，我国高校人才培养的目标、人才评价的标准、人才培养的模式都与时代相脱节，因此，对我国高校人才培养机制的研究在这一时代背景下尤为迫切。

由于时间仓促，书中难免有疏漏之处，敬请读者能够谅解。我们也诚恳地期望读者能提出宝贵的意见和建议，在此表示衷心的感谢。

目 录

第一章 现代教育信息化综述 ·· 1
 第一节 教育信息化的概念分析 ·· 1
 第二节 教育信息化的基本内涵与特征 ······································ 2
 第三节 教育信息化的发展概况分析 ·· 9
 第四节 教行信息化发展新阶段的观念更新与理论思考 ······················ 11

第二章 现代教育信息化的理论研究 ·· 13
 第一节 现代教育传媒理论 ·· 13
 第二节 信息化环境下的教与学理论 ······································ 16
 第三节 信息化环境下的教学设计 ·· 22
 第四节 信息化环境下的教师专业发展研究 ································ 26

第三章 高校信息化教学应用建设 ·· 33
 第一节 网络教学系统的应用建设 ·· 33
 第二节 精品课程录播教室的建设 ·· 42
 第三节 多媒体综合教室的建设 ·· 50
 第四节 闭路电视系统的建设 ·· 66
 第五节 高校外语调频台的建设 ·· 79
 第六节 教育技术多元化创新 ·· 84

第四章 高等教育信息化教学创新设计 ·· 90
 第一节 信息化教学设计概述 ·· 90
 第二节 信息化教学目标的设计 ··· 102
 第三节 信息化教学中单元框架问题设计 ································· 105
 第四节 信息化教学策略的设计 ··· 110
 第五节 信息化教学情境的设计 ··· 116
 第六节 信息化教学评价 ··· 119

第五章 现代教育信息技术与课程整合 ··· 125
 第一节 现代教育信息技术与课程整合概述 ······························· 125

第二节　现代教育信息技术与课程空间要素的整合 …………………… 129

　　第三节　现代教育信息技术与课程整合的形态 ………………………… 133

　　第四节　现代教育信息技术与课程整合的分析 ………………………… 136

第六章　教育信息化的重要创新——**翻转课堂** ……………………………… 140

　　第一节　翻转课堂的由来与发展概述 …………………………………… 140

　　第二节　翻转课堂的作用与效果分析 …………………………………… 143

　　第三节　翻转课堂在实践中的限制条件和面临的挑战 ………………… 145

　　第四节　中国式翻转课堂的未来发展 …………………………………… 148

参考文献 ………………………………………………………………………… 153

第一章　现代教育信息化综述

从 20 世纪 90 年代到现在,世界各国的各级各类教育改革与发展的重大战略举措是教育信息化,伴随着社会转型、教育改革以及整个社会信息化的进程,我国教育信息化经过多年的发展,成绩斐然。2010 年 7 月颁布的《国家中长期教育改革和发展规划纲要(2010—2020 年)》(以下简称《纲要》),对未来 10 年我国的教育发展作出了规划。

《纲要》将"加快教育信息化进程"单列为一章进行论述,体现了国家对教育信息化的重视,随后在 2012 年 3 月教育部又颁布了《教育信息化十年发展规划(2011—2020 年)》(以下简称《规划》),《规划》中明确提到,2020 年的教育信息化任务能否完成,直接关系着与国家教育现代化发展目标相适应的教育信息化体系的构建。

第一节　教育信息化的概念分析

对教育信息化概念进行分析时,首先要明确什么是信息化教育,在 20 世纪 90 年代,由于信息技术的飞速发展,关于信息化教育的定义逐步清晰。事实上,信息化教育是一种教育形态,是以现代信息技术为基础手段而形成的教育形态。信息化教育是教育的一种特定表现形式,更是一种特殊的教育形态,并有其自身特定的目标。例如,"大数学教育""大语文教育"等是在信息化教育之外,有着具体目标的多种教育形式。

事实上,教育信息化的基本目标是培养满足现代社会发展需求的创新型人才,最终实现教育的现代化与跨越式发展。教育信息化要以全新的教育思想和教育理念来指导信息和网络技术在教育教学领域的全面应用,并且教育信息化要依照培养创新型人才的要求,合理有效地通过信息技术的使用,逐渐探索符合发展要求的信息化教育教学模式,设计与开发标准化的、信息化的教育教学资源,进而达到教育现代化和实现教育的跨越式发展。

教育信息化实践过程不仅是简单地将计算机和信息技术引入课堂。教育信息化的本质是教育思想和教育理念逐渐转变的过程,是利用信息的视角对教育系统进行认识、分析的过程。

第二节　教育信息化的基本内涵与特征

一、教育信息化的基本内涵

"教育信息化"一词,最早出现于20世纪90年代,关于"教育信息化"准确的内涵,目前为止没有人做出过比较全面、精确的阐述。

根据现代汉语语法的原则,在名词或形容词之后可以加上后缀"化"字构成动词,使原来的词性和词意发生变化。"化"字加在名词之后成为一个新动词,使原来名词的内涵、作用扩大,以便在更大的范围或更多的部门得到功能性的表现,如机械化、工业化、智能化、网络化、信息化等。一般情况下,"信息化"与"信息技术化"是等同的,信息技术可以在更大的范围、更广的领域或更多的部门得到推广与应用。

"教育信息化"是"教育"加"信息化"组合而成的复合名词,"教育信息化"被定义为:信息与信息技术在教育、教学领域和教育、教学部门的普遍推广与应用。

二、教育信息化的教育特征

2012年,全国教育信息化报告会在北京举行,在会上教育部正式提出要全面实施"三通两平台"建设和"两项重点工作"。具体的"三通"为"宽带网络校校通""优质教学资源班班通"和"网络学习空间人人通";而"两平台"是指"教育管理信息系统平台"和"数字化教育资源公共服务平台"。"两项重点工作"体现在"改善教学点的教学条件,实现教学点数字化教学资源全覆盖"和"加大教师应用信息技术能力的培训力度"方面。

教育部通过对"三通两平台"的全面推行,进一步落实了教育信息化所追求的"三效"目标。

教育信息化的全面转变——"可在信息化教学环境下实现教育思想、教学观念、教与学方式以及课堂教学结构的根本性变革"则是指:

（1）教育思想。改变"以教师为中心"的教育思想,现阶段的教学发展趋势要求,在教学过程中,全面发挥教师主导作用;在学习过程中,更要强调学生的主体地位,最终形成"主导—主体"相结合的新型教育理念。

（2）教学观念。转变"传递—接受"的教学观念,当下的教学活动以"有意义的传递—接受"为主,同时又非常重视"教师主导下的学生自主探究",所以,新型教学观念,即"有意义传递主导下探究相结合"。

(3)教学方式。转变以"口授—板书—演示"为主的教学方式,当下的教学方式以更多地关注对学生的"启迪、诱导和点拨"为主流。

(4)学习方式。转变"耳听—手记—练习"的学习方式,从被动接受转变为主动探究的"自主—合作—探究"的新型学习方式。

(5)课堂教学结构。新型的课堂教学结构是,一方面教师在教学过程中要发挥主导作用,另一方面突出体现学生在学习过程中认知主体的地位,即"主导—主体相结合"。

三、教育信息化与教育技术

(一)教育技术的国际教育传播与技术协会(AECT)定义

1970年,美国政府的一个专业咨询机构——教育技术委员会在给总编和议会的一份报告中指出:"教育技术是按照具体的目标,根据对人类学习和传播的研究,以及利用人力和非人力资源的结合,从而使教学更有效的一种系统的设计、实施、评价学与教的整个过程的方法。"

1994年,国际教育传播与技术协会(AECT)以学术规范形式对教育技术作出如下定义:

教学技术是关于学习资源和学习过程的设计、开发、利用、管理和评价的理论和实践。

此定义有意将教育技术的研究范围聚焦于教学技术,并在其附加说明中指出使用这一名称是为了突破其应用范围的限制,教学技术既适合于教育领域,又可用于企业训练领域。定义中没有直接描述媒体,表明教育技术已经从硬技术进化到软技术,即以技术方法和方法论为主体。当然,这并不排斥媒体在现代教育技术中的作用。它实际上是学习资源与学习过程的支撑技术。该定义将教育技术的研究对象表述为关于"学习过程"与"学习资源"的一系列理论与实践问题,改变了以往"教学过程"的提法,体现了现代教学观念从以"教"为中心转向以"学"为中心,从传授知识转向发展学生学习能力。学习过程是学习者通过与信息、环境的相互作用获取知识和技能的认知过程,学习资源是学习过程中所要利用的各种信息和环境条件。新的教学理论要求学生由外部刺激的被动接受者转变为能积极进行信息处理的主动学习者,而教师要提供能帮助和促进学生学习的信息资源和学习环境。从21世纪社会发展和人类发展的需求出发，建造一个能支持全面学习、自主学习、协作学习、创造学习、终身学习的社会教育大系统。

2004年6月，AECT的定义与术语委员会试图对教育技术定义作进一步修订，提出以下草案，并计划于2005年作最后审定后发布，因此，学术界习惯称之为"05定义"：

教育技术是通过创建、使用、管理适当的技术过程和资源以促进学习与改进绩效的研究和合乎伦理道德的实践。

从"94定义"到"05定义"，教育技术的内涵和外延发生了一系列的变化，通过对定义本身的解读，可以看出以下几点。

1. 研究对象的变化

在"94定义"中，教育技术的研究对象是学习过程和学习资源，而"05定义"则聚焦于促进学习和改进绩效的技术性的过程和资源，其概念不如"94定义"宽泛。另外，从"教学技术"回归到"教育技术"，把技术的教育应用范畴扩大了，表明采取了面向整个社会的大教育观。

2. 研究目的的变化

在"05定义"中，教育技术的目的描述为以下两个方面：

（1）促进学习。表明教育技术在发展过程中更加强调学生的自主性。

（2）改进绩效。表明教育技术在发展过程中重视结果，同时说明技术不光可以支持学习，还可以支持工作。

3. 研究范畴的变化

在"05定义"中，教育技术的研究范畴由"94定义"的五个方面缩减为三个方面。

（1）将设计和开发合并为创建，是指为了产生各种学习环境而涉及的研究性、理论性和实践性活动，这一变化蕴含了不断创新的意思。

（2）将评价融合于创建、使用、管理的过程中，加强了形成性评价，这一变化反映了经常评价、持续改进的现代管理学理念。

（3）强调技术的适用性和实践的社会规范约束，这一变化体现出新定义中技术哲学的理性思维。

4. 理论基础的变化

"94定义"和"05定义"对于教育的理论基础虽然都没有给出明确的说明，但从语言上可以获取这样的理论暗示："94定义"偏重于客观主义认识论和现代主义价值观，"05定义"偏重于建构主义认识论和后现代主义价值观。

5. 研究形态的变化

在研究形态上,"94定义"界定为"理论"与"实践","05定义"则界定为"研究"与合乎伦理道德的"实践"。首先,将理论改为研究,表明了教育技术工作者不仅能够运用理论,还肩负了探究和建构理论的使命。"研究"一词的使用,更加体现了教育技术的研究是一个动态的过程,是一个不断前行的过程;其次,"实践"这一研究形态,"05定义"特别强调了"合乎伦理道德"这一定语,把教育技术的发展与伦理道德结合起来,用伦理道德去引导和规范教育技术实践。

(二) 教育技术的本质特征

1. 作为操作性系统

从广义上说,技术指人类在改造自然、改造社会、改造自身的全部活动中所应用的一切规则、方法和工具的总和。简而言之,一切有效用的操作性体系都属于技术的范畴。

按照操作对象区分,技术系统可以分为硬技术和软技术。硬技术系统的操作对象为自然物和人工物(作为系统输入),产生的结果是物化的技术制品(Technical/Technological Artifact)或称为"硬制品"(作为系统输出);软技术系统的操作对象为社会人文要素,产生的结果是非物化的概念制品(Conceptual Artifact)或行为制品(Behavioral Artifact),可统称为"软制品"。

硬技术系统与软技术系统具有交互作用:软技术需要一定的硬技术作为支撑,硬技术过程和制品中大多隐含软技术的内容。教育技术是以软技术为主,硬技术为辅的系统。

从教育技术作为一种操作性系统的角度来说,其本质特征可以表述为,经由一定的技术过程(Technological Processes)、以设计(Design)作为核心活动、产生目标导向的制品过程;另一个重要活动是利用现有的制品资源,在相对意义上说是服务于设计的。

2. 作为实践领域

教育技术是门有很强实践意义的应用学科,按行为主体的不同,可以分为面向专业工作者的教育技术、面向职业工作者的教育技术及面向学习者的教育技术。

面向专业工作者的教育技术代表教育技术专家的实践领域,其行为特征是"他用设计"(Designing for),其目标是为他人(职业工作者、学习者)创建技术性的资源。面向职业工作者的教育技术在通常意义上转变为绩效技术,兼有他用设计和与用设计

（Designing with）的特点，"与用设计"一方面表示职业工作者通常利用已有的技术资源进行设计，另一方面表示经常与专家或同事进行合作设计；教师作为一类特殊的职业作者，从本质上讲也是要利用技术改善绩效。面向学习者的教育技术具有在用设计（Designing within）或用户中心设计（User-centered Designing）的特点，即身处一定的学习环境中进行内部认知操作，属于真正的学习技术（Learning Technology）。

3. 面向教师的教育技术

为了促进我国中小学教师教育技术能力的发展，教育部于2004年12月颁布了《中小学教师教育技术能力标准（试行）》（以下简称《标准》），《标准》分为"教学人员教育技术能力标准""管理人员教育技术能力标准""技术人员教育技术能力标准"三个相对独立的部分，每一部分都包括"意识与态度""知识与技能""应用与创新""社会责任"四方面的能力描述。

该标准从能力结构角度来描述面向教师的教育技术。从实践角度来看，教师可以围绕其工作主线来开展教育技术应用活动。

（1）开发和利用各种学习资源

任何领域都利用各种资源来工作，教育技术所涉及的是能被用来促进学习的资源。学习资源就是学习者能够与之发生有意义联系的知识信息、设备工具/环境、学习活动及其服务（由教学人员提供）。

有些资源是专门为学习目的而设计的，它们被称为"设计的学习资源"。另外有些资源是为其他目的而设计，并能为学习者所利用，它们被称为"可利用的学习资源"。

（2）用系统方法设计和组织教学过程

各种学习资源并不是总能够促进教学，关键在于如何将其有效综合利用。因此，许多有识之士早就把眼光放在教育学系统的各个组成部分的联系及其整体组织之上了，关注使用科学的系统方法来理解和开发作为整体的各个层次的教育系统，而包括教学媒体在内的学习资源仅是教学系统的组成部分之一。

对教育技术中系统方法的运用是一个实施教育的自我纠正的过程。其步骤为：阐释和分解既定的教育目标、分析满足目标所需要的教育任务和内容、制定教学策略和学习策略、安排教学顺序、选择教学媒体、开发和确定必要的学习资源、评价教学策略和学习资源的效果、修改策略和资源直到有效。这种有效性体现在效能（Efficacy）、效率（Efficiency）、效力（Effectiveness）、伦理（Ethicality）和优美（Elegance）五个方面，这五个方面简称为"5E"。

（3）改进工作效能与支持自我发展

在教育技术实践领域，教师的角色是双重的：既是教育工作者又是终生学习者。

作为一种特殊的工作者，教育技术也成了改进教师工作效能的绩效技术：开发和使用各种学习资源的过程，应用系统方法设计和组织教学的过程，都是利用技术改进工作绩效的实践。为此，教师需要掌握适用的技术工具，以便对技术资源按照教学的要求进行再设计，与专家、同事或其他相关人员进行合作与交流，对学生的学习过程进行有效的评价与管理，教育技术的有效应用成为提高教师工作成效的重要因素。

另外，现代社会要求教师成为终身学习者才能胜任教师的专业要求。为此，提供专业发展资源、支持专业实践者共同建设、为实践反思提供工具和平台的教育技术又成了教师自我发展的实践场。

（三）从电化教育、教育技术到信息化教育

"电化教育"是我国特有的名词，在我国最早出现于 20 世纪 30 年代。对于电化教育这个名称，《中国大百科全书》将其定义为："利用幻灯、投影器、电影、无线电广播、电视、录音、录像、程序学习机和电子计算机等教学设备及相应的教材进行的教育活动"。传到国外，《国际教育词典》把它解释为"中文用以说明借助收音机和电视之类进行教育的术语"。显然，电化教育这个概念对其所涉及的传播媒体的范围有明确的规定，即限于所谓的电能和电子传播媒体。

20 世纪 80 年代以来，我国开始采用国际通行的教育技术作为学科名称，但是电化教育至今仍在被广泛使用。从概念的本质上说，教育技术与电化教育是相同的，两者都具有应用学科属性，目的都是要取得最好的教育效果，实现教育最优化。两者的特点、功能以及分析、处理问题的方式也是相同或相近的，都是利用新的科技成果去开发新的学习资源，并采用新的教与学的理论、方法去控制教学过程。

但是从概念的涵盖面来看，教育技术的范围要比电化教育广泛得多。

"94 定义"中就说明了，教育技术指的是所有的学习资源，包括与教育有关的一切可操作的要素；而电化教育所涉及的则主要是利用科技新成果发展起来的声、像教学媒体。由此，在处理问题的方法方面，教育技术主要采用了系统的方法，它所考虑的是整个教育的大系统，即"教与学总体过程的系统方法"。在具体实施过程中，它能运用于教育系统的不同层次，可以是教育规划方面的宏观问题，也可以是课程开发层次的问题，还可以是具体的课堂教学过程中的问题；而电化教育虽然也用系统的方法来考虑、处理问题，但它的重点放在了电子传播媒体的选择、组合和应用的小系统上。当然，

电化教育有时也涉及较大范围的问题,不过更多的情况是以大中系统的其他因素作为不变条件而主要去研究小系统的控制和变化效果。

如此看来,电化教育是教育技术的一个部分,是教育技术发展到一定阶段的产物,是注重现代媒体的开发和利用的阶段性的教育技术,是狭义的教育技术。到了20世纪90年代中后期,随着以计算机网络为基础的信息通信技术开始在教育中得到广泛应用,国内开始出现了信息化教育的概念。我们认为,同电化教育概念一样,信息化教育也是教育技术的从属概念,代表教育技术发展的新阶段。

第三节 教育信息化的发展概况分析

一、国外教育信息化的发展历程

纵观国外，特别是西方发达国家的教育信息化发展，可根据发展目标将其分为三阶段。

（一）强调信息化基础设施建设阶段

在20世纪90年代，西方发达国家开始了教育信息化发展的"基础设施建设"阶段，这一阶段的发展以"量"为主，具体表现为：强化教育信息化基础设施建设的速度与规模，初步探索了教育信息化的应用（但尚未形成应用的重点）。

教育信息化发展的第一阶段，主要是强调教育信息化硬、软件基础设施在数量上的快速发展。

（二）强调信息技术在教学中的应用阶段

西方发达国家教育信息化发展的第二阶段——"强调教学应用"阶段（从20世纪90年代后期开始到2008年年底），具体指从硬、软件的"基础设施建设"逐步转向信息与信息技术的"教学应用"阶段，此阶段的发展具体表现为：一是重视教育信息化在教育、教学过程中的应用，二是以信息技术在教育中的应用为基础（即通过信息与信息技术对教育、教学过程的优化）进一步提高教育、教学的质量。

教育信息化发展的第二阶段以过渡为主，由基础设施数量上的发展转变到教学质量的提升上。

（三）进入反思与探索的新阶段

经历了由"量"到"质"的突破性转变，自2009年以后教育信息化在全球范围内开始了它的全新发展阶段——反思探索的阶段。

二、中国教育信息化发展现状

（一）高等教育的信息化进展

1998年以来，随着教育信息化项目工程的实施，教育信息化已经得到了广泛的发展，而且各高等学校的信息化设施、信息技术在教学中的应用都在不断地普及。

教育信息化的具体的基础设施有高校的校园网、多媒体教室、计算机教室、数字图书馆、网络教学支撑平台、信息发布与信息管理平台以及教学资源管理平台等。

(二)基础教育的信息化进展

随着教育信息化工程在高等院校顺利实施,2000年10月教育部提出要从2001年起,在5~10年内,达到信息技术教育的全面普及,实现"校校通"工程的全面实施,以教育信息化带动教育现代化的方式,实现基础教育的翻倍式发展。

在国家政策支持下,经过工作人员不懈的努力,在数量上,全国中小学校园网由2000年10月份的3000个左右发展至2009年年底将近6万个,增长了近20倍;在网速上,校园网的带宽、速率提高了1个数量级。不到十年的时间,我国城镇中小学校的信息化教学环境已初具规模,这有利于进一步实现多媒体教学和网络教学。

伴随着"农远工程"的全面快速推进,我国偏远的农村地区和经济欠发达地区,办学条件和教学质量都普遍提高了。

教育信息化的普及,使我国义务教育得到了均衡发展,我国中小学的教育信息化从2008年前后开始逐步转入第二个发展阶段,即更多地关注"教学应用"的阶段。强调要在教学过程中通过信息技术的应用以实现教育、教学质量的提升。

(三)2010年至今——跨入"反思探索"阶段

与国际教育信息化一样,国内教育信息化近年来也开始跨入一个全新发展阶段——"反思探索"阶段(比西方发达国家晚1~2年),具体表现在以下两份报告上:

第一,我国于2010年颁布的《国家中长期教育改革与发展规划纲要(2010—2020年)》用"有革命性影响"来形容信息技术对教育发展的意义与作用。进一步说明信息技术在各部门教育的改革与发展(乃至变革与创新)中已占据主导地位。这代表了我们国家自20世纪90年代以来,在深刻反思的基础上,进行了认真的理论思考。

第二,在由教育部制定的《教育信息化十年发展规划(2011—2020年)》中提出,想要真正实现我国教育信息化的全面普及,达到各级各类教育的变革与创新,让信息技术真正融入教育发展的方方面面,就要在利用和发挥现代信息技术优势的同时,将信息技术与教育进行深度融合。

经历了10多年的探索、反思,我们国家在教育与信息化的应用方面取得了重大的成果,同时教育信息化进入了全新的发展阶段。

第四节　教行信息化发展新阶段的观念更新与理论思考

随着教育信息化的发展，人们的思想观念有了较大的变化，在这些转变当中最显著的变化表现为："以学生为中心"的单一的教育思想逐渐转向以"B-learning"为标志的混合式教育思想；与此同时，对于支持教育信息化的相关理论，学术界也进行了比较全面深入的分析与思考。本节就教育思想观念上的更新与相关理论的研究探索作一介绍。

一、以"B-learning"为标志的混合式教育思想被普遍认同

自 21 世纪以来，blended learning（也称 blending learning 或 hybrid learning，其简称为 B-learning）日渐流行。

英文 blended learning（或 hybrid learning）的本意就是混合式学习，寓意是学习方式和教学方式的结合。可以是视听媒体与粉笔黑板相结合，可以是计算机网络辅助学习方式与传统学习方式组合，也可以是自主学习方式与协作学习方式组合等。

所谓 blended learning（或 hybrid learning）就是"主导—主体相结合"，把传统教与学方式的优势与 E-learning（即数字化或网络化教与学方式）的优势结合起来，在教学过程中，发挥教师主导作用，在学习过程中，体现学生主体地位。

目前，在国际教育界已经普遍公认"主导—主体相结合"的教学方式能达到最好的教学效果，二者的结合也能反映出国际教育界关于教育思想的大转变——不再是片面地只强调建立在建构主义学习理论基础上的"以学生为中心"的教育思想，也不是片面地只强调"以教师为中心"的传统教育思想，而是"既要发挥教师引导、启发、监控教学过程的主导作用，又要充分体现学生作为认知过程的主体地位"、以 blended learning（hybrid learning）为标志的混合式教育思想。

21 世纪初，"以学生为中心"的教育思想占主导的局面才开始逐渐被打破；而这种局面的改变，应该说得益于以下两种大辩论：

第一种是 20 世纪 90 年代初，关于"有围墙的大学是否将被取代"的大辩论。

第二种是进入 21 世纪以后，关于"建构主义教学：成功还是失败"的大辩论。

"建构主义教学：成功还是失败"的大辩论，对于建构主义学习原则存在局限性的科学认识（能认识到学生是认知过程的主体，所以重视学生的自主学习、自主建构，但

是并未把这一观点绝对化)和强调教师必须发挥"主导作用"理念的"TPACK"同时在美国主流社会成为共识,乃至在全球广为传播。这是在教育思想上的一种blended(或hybrid),也就是既要重视学生在认知过程中的"主体地位",又要发挥教师在教学过程中的"主导作用"(即"主导—主体相结合"),用西方的方式表述,就是以blended learning为标志的混合式教育思想;而用我们的方式表述,就是"主导—主体相结合"的教育思想。

这正是进入21世纪以来(特别是近年来),以B-learning为标志的混合式教育思想得以在全球流行,甚至逐步取代"以学生为中心"教育思想统治地位的现实背景与客观基础。

由此表明,在当下教育领域正在经历着从理论到实践的实质性改变,从中认识这次变革的意义及影响,对于教育信息化的推进和发展具有极为重要的指导意义。

二、新阶段教育信息化发展的理论思考

教育信息化发展新阶段的探索体现在多个方面,在理论方面包括:教育信息化概念的具体界定、教育信息化的发展阶段与各阶段的特征分析、教育信息化核心理论及相关理论的探索等。

关于教育信息化的核心理论如何解析?信息技术与各学科教学相整合(也称"信息技术与课程整合",近年来,在中国也称之为"信息技术与教育深度融合"),其基本内容是,在实施新型的教学方式与学习方式的过程中,如何营造或创设信息化的教学环境?如何调动学生的主动性、积极性?如何实现培养学生的创新意识与创新能力(即创新人才培养)的目标?因此,教育信息化理论的核心内容应该是,信息技术与课程深层次整合理论。在进入反思探索阶段以后,教学结构理论正在逐渐发展成为教育信息化理论的另一项核心内容。事实上,近年来,国内提出的深度融合理论(或深层次整合理论),恰恰是要求"必须紧紧围绕课堂教学结构的根本变革来进行融合(或整合),才有可能真正达到深度融合(或深层次整合)的目标"。可见,信息技术与课程整合理论和教学结构理论,这两种理论互为补充、彼此约束,才真正构成了教育信息化理论的核心内容。

教育信息化的探索是多方面的,教育信息化的理论内容也是多样化的,除了基本的、核心的理论,国内的教学信息化理论有:信息化环境下的教与学理论、信息化环境下的教与学方式、信息化环境下的教学设计理论等,国外的创新理论包括:翻转课堂、教育"大数据"和慕课。

第二章 现代教育信息化的理论研究

在我国信息化教育实践过程中,会遇到这样一些现象:有些课堂教学使用了现代多媒体技术,但积极效果不明显;有些教学软件在教学上使用价值不高,因而没有被大量地引入教室。这是为什么?相关的学者专家对这个问题做出了明确的回答:在教育信息化过程中,信息化教育实践要取得成功,只有先进的技术媒体支撑是远远不够的,我们还要有先进教育、教学理论的指导。

第一节 现代教育传媒理论

一、教育媒体概述

所谓媒体是指载有信息的物体。例如一张空白的纸、一盒空白的录音带,像这样没有承载任何信息的物体,可以说是书写或录制用的材料,却都不是媒体。当白纸印上文字与图片成为报纸,磁带录上音乐信息符号成为音乐带,成为载有信息的纸张、磁带后,这些才能成为媒体。

媒体是指存储和传递信息的实体,更是一种实现信息从信息源传递到受信者的传播方式。从媒体的概念分析,媒体作为一种中介物,它的范围应广得多。以通信这一信息传递过程为例,从信源到受信者——信宿之间的一切技术手段,都属于广义媒体范围。

从信源获取的信息符号要通过编码变成信号,信号在通道中传送,然后经译码将信号转换为符号,最后由受信者将符号解释为信息意义。这一过程中用到的编码器、通道和解码器等一切技术手段、工具,均被称为媒体。例如在电视广播过程中,摄像机从信源物摄取图像信息符号,然后变换为相应的电信号(或经录像机将电信号记录存储后再重播),电信号经过通道(闭路电视为线路、开路广播电视为空气)传递至接收端,由电视接收机将接收到的电信号再转换为图像信息符号。受信者看的是图像符号解析为信源物的信息意义。在这一信息传递过程中,摄像机、录像机、线路、空气以及电视接收机,都称为信息存储与传递的媒体。

在教与学活动过程中所采用的媒体,被称为教学媒体。从教学本质分析,教与学活动过程是一种对知识的获取、加工、处理和利用的过程,因此,具有储存和传递信息功能的任何媒体都可以当作教学媒体来使用。实际上,刚开始开发研制出来的媒体,并不是为教学服务的而是在军事、通信、工业等领域使用,随着应用范围越来越广,逐渐引入教学领域。比如1885年诞生的电影媒体首先用于娱乐业,几十年后,才逐渐有科教片用于社会教育;又如电视媒体,1936年"美国广播公司"已开始播出电视节目,电视媒体先用于娱乐与商业广告,几十年后教育电视才被普遍引进教育领域,成为一种电视教学媒体。由此可见,一般的媒体并不都是教学媒体,但都可以发展为教学媒体,那么教学媒体有哪些特殊的组成要素呢?概括来说,发展成为教学媒体都需要具备两个基本要素。

一般的媒体经过改进演变成教学媒体,往往要经过复杂甚至是漫长的历程。例如,广播电视从开始播放新闻、娱乐节目到后来用于播放教学节目进行远程教学,历经几十年时间。再如,闭路电视早期只用于工业,成为工业电视,后来才引进教育领域成为学校的教育闭路电视系统或微格教学系统并用于进行教学技能训练。目前,得到迅速发展的计算机媒体及计算机网络系统,也是首先用于通信与工商业,后来才逐步被引进教育教学领域。

二、教育媒体的信息理论

学与教是一种信息的获取、存储、传送、接收和加工的过程,教育媒体是信息的载体,在这一过程中扮演了重要的角色。因此,媒体的发展与运用,促进了信息理论的建立与发展,反之在信息理论的指导下,又促使媒体取得更为有效的运用与发展。

在学校教育信息化建设的过程中有两方面需要重点注意,一方面是现代教育媒体资源的开发和利用,内容主要包括学校的多媒体学习资源中心(含图书馆、视听阅览室)、多媒体综合教室、计算机网络教室、校园计算机网络系统等多媒体综合系统;另一方面是校园环境的建设和规划,具体包括学校内外实验、实践基地的建设以及优秀教师队伍的建设。

学校应该建设成为一个装满知识的宝库,同时宝库的钥匙又随处可以取到,为培养优秀的人才提供现代化的物质条件。

三、教育媒体的符合理论

信息是事物运动状态与规律的表征,这种表征是通过符号去实现的。表征信息的符号多种多样,有形象的,也有抽象的,有图像的、文字的,还有声音的。用符号表征一种信息意义,是在人类漫长的历史中产生和创造出来的,对它的研究已形成一门深奥的学科——"符号学"。

符号的本质包括三层含义:

(1)符号代表事物。用符号代表事物,而且某一符号只代表某一事物。随着语义学的兴起,人们懂得:符号并不等于事物,地图并不等于疆域,姓名并不等于所称呼的人,一种符号只是一种事物状态与规律的代表。

(2)符号的意义来自经验。符号是怎样得到它的意义的呢?宣伟伯指出:"符号的意义来自经验。"当被赋予生命之后,人开始把感官接触的东西加以组织,最终形成意义。

(3)符号的意义因人、传播环境而定。在传播活动中,共享的是符号而非意义。符号的意义来自经验,经验是个人经验和个人对事物作出的反应的总和。世界上,没有两个人的经验和反应是一致的。因此,符号的意义是个人所有。

符号也因传播环境的不同而有不同的意义。同样是一个词语符号,随着时间、地点的推移,它的含义也在变化发展。一个符号对于某个人所具有的意义比字典中罗列出来的要多得多。字典中只能列出一些典型的、被大家公认的意义,而个人的理解则是带有个人经验、个人情感色彩的,是与众不同的特别意义。

随着社会的进步与科技的发展,所使用的符号种类也越来越多,有人把它分为语言符号与非语言符号,也有人把它分为数字符号、形态符号和模拟符号。下面对这三种符号,做进一步的介绍。

(1)数字符号:包括口头语言、书写与印刷的文字符号等。

(2)形状符号:是一种实际事物的抽象符号,具体有图画、图标、地图等。

(3)模拟符号:可分为视觉模拟符号(如动作和事物的活动图像)和听觉模拟符号(如音乐和音响)。有音乐或动作的符号。

众所周知,符号代表事物,在教育媒体中所使用的符号都表现了一定的教学信息,由于符号的意义来自经验,经验受人和环境的影响。因此,要保证教学效果,在编制与选用教育媒体时,需要根据教学对象和教学环境去选择最合适的符号与教育媒体。

第二节　信息化环境下的教与学理论

一、认识"教"与"学"

对于"教学"的定义并没有确切的完整的解释,教学过程是一种人类特有的人才培养过程。在人才培养活动中,教师要有目的、有计划、有组织地引导学生积极自觉地学习和加速掌握文化科学基础知识和基本技能,通过教师有效的引导,提高学生的整体素质,从而成为社会需要的人才,服务于社会。

从广义上来说,在我国古代书籍中,"教学"和"教育"两词是互相通用的。而且从教学的内容、形式可以看出,教学是有目的、整体的、经常而全面的影响。因此"教学"与"教育"一词,在内涵方面没有本质的区分。

从教育角度分析,教育包含教学,教学是从教育的概念中分化出来的一部分,在内容和形式上都不同于教育,如家庭教育、幼儿园教育、生产劳动教育等。教学的主要内容是传授和学习知识技能,并且教学的多方面工作都是以传授和学习为主题展开的。

教学是通过实施一系列教学活动来进行的。教学活动的七大要素分别为:学生、教师、教学目标、教学内容、教学方法、教学环境、教学信息反馈。顾名思义,教学可分为教师"教"和学生"学"。所以在教学活动中,主体是学生,一切的教学活动都是围绕着学生,没有学生这一主体,教学活动就不存在。所以学生是教学活动的根本因素。教师是教学活动中除学生外的最重要的组成部分,如果没有了教师对学生的引导,学生的学习就没有组织、没有方向,进入不了正轨,教师在教学活动中的重要性可见一斑。

教学可看作一个过程,加涅根据学习的内部和外部条件理论,提出了著名的"教学过程的九大步骤"理论。这九大步骤依次为引起注意、告诉学习者目标、刺激对先前学习的回忆、呈现刺激材料、提供学习指导、诱发行为、提供反馈、评定行为、促进记忆迁移。告诉学习者目标、提供学习指导和评定行为是这个过程中比较重要的几步。告诉学习者目标是让学生知道自己将得到哪些知识,提供学习指导是当学生困惑的时候为之解惑,评定行为是为了清楚学生的学习是否达到教学目标。综上,教学是运用各种教学方法、教学手段引导学生主体向着既定的教学目标成长的过程。

二、信息化环境下教与学理论的新拓展

20世纪以来，随着人们利用实验探索学习现象和利用学习机制的原理探索学习理论，学习理论的研究进入新的阶段，并形成了多个认知学派，其中，以行为学派和认知学派较为有名。关于学习理论，从教育实践层面出发，"以教为主"方面，有效性强且颇具代表性的是加涅的"联结—认知"学习理论；关于建构主义学习理论，"以学为主"有效性强且颇具代表性的是维特罗克的"学习生成模型"。

教育信息化日新月异，要实现教育信息化持续、健康地发展，就要有效地应用信息化教学环境（尤其是网络教学环境）这一有利条件。而教育信息化与课堂教学深层地融合，才是教育改革取得成功的关键。这就要求信息技术与各学科教学全面整合。为了保证信息技术与课程深层次整合的顺利进行，在结合传统学习理论的基础上，中国学者在信息化环境下的教与学理论方面进行探索研究，并总结出以下几方面的理论。

（一）数字化学习理论

数字化学习理论的研究者中以李克东教授为代表。20世纪90年代以来，李教授一心致力于研究数字化学习理论的核心问题，通过多年的实验与探索，在实践中总结出数字化学习的理论要重视信息技术与课程的整合，并依据核心问题形成了一套完整的、高效的数字化学习理论。数字化学习理论的内容主要包括以下几点。

1. 数字化学习的内涵

数字化学习的三要素是指数字化学习环境、数字化学习资源和数字化学习方式。数字化学习的实际过程是学习者利用数字化的学习环境，整合数字化学习资源，应用数字化方式进行学习。

2. 数字化学习环境的构成

数字化学习环境（以多媒体计算机和网络为核心的信息技术所支持的学习环境）的基本特征包括：信息显示多媒体化、信息传输网络化、信息处理智能化和教学环境虚拟化等。

信息化学习环境的构成因素包括：设施（如多媒体计算机、校园网等）、平台（网上的信息发布平台、资源管理平台等）、通信（保障远程教学的实施）、工具（可以帮助学习者自主建构和解决问题的学习工具）等。

3. 数字化学习资源的内涵

数字化学习资源的特征包括：多媒体、超文本、友好交互、虚拟仿真、远程共享

性等。

数字化学习资源的内容包括：数字视频、数字音频、多媒体课件、CD-ROM 光盘、计算机仿真系统、在线讨论区、数据库等。

4. 数字化学习内容的显著特征与数字化学习方式的鲜明特点

从获取和应用数字化学习内容、资源方面研究，数字化学习的特征包括随意性、实效性、多层次性、可操作性等。

从数字化学习方式的过程与结果角度分析，数字化学习的特征包括：学习是个性化的，且能满足个体需要；学习以问题或主题为中心；学习过程要进行通信交流，学习者之间要进行协商与合作。

5. 实施数字化学习的关键因素

当学习者把信息技术当作获取信息、探究问题、解决问题和建构知识的认知工具时，数字化的学习就有了顺利实施的保障。

6. 对数字化学习模式的探索

在研究数字化学习理论的同时，根据在中小学多年对信息技术与课程整合的教学实践研究，李克东教授总结了多套可以提高教师的教学质量、强化学生的学习效率的数字化学习模式，具体包括："基于课堂讲授的情境—探究模式""基于校园网的主题探索—合作学习模式""基于因特网的小组合作远程协商模式""基于因特网的专题探索—网站开发模式"等。

（二）协同学习理论

21 世纪对新型人才的需求，供不应求，而在培养高素质、解决问题能力强、具有创新性思维能力的人才方面，显然传统学习理论已经不能满足这些要求，社会的快速发展要求有全新的学习理论与之相呼应。

近年来，学术界新的关注点是，由祝智庭教授领导的学术团队在"协同学习理论"方面的研究。祝智庭教授及其团队研究的协同学习理论对传统学习技术进行了深刻剖析，分析了现有学习技术系统的局限性，其局限性体现在以下五个方面：①缺乏学习者与内容的深度互动；②缺乏信息聚合机制；③缺乏群体思维操作；④缺乏分工合作与整合工具；⑤缺乏在信息、知识、情感、行动、价值等方面的有机联系。祝智庭教授及其团队提出了全新学习理论——"协同学习理论"，这是一种面向知识时代、能很好地适应知识与技术发展的新型学习技术系统。协同学习理论的内容包括以下几点。

1. 协同学习的概念

祝智庭教授及其团队提出的协同学习是指，通过对学习技术系统中各个组成要素

（包括认知主体和认知客体以及二者交互所形成的学习场）的整合，以使教学获得协同增效。根据协同学习可以形成全新的学习框架，以支持技术条件下的教与学活动。

在本质上，协同学习就区别于一般的协作学习或合作学习。协作学习或合作学习是指小组学习的各种不同形式，其内涵主要涉及学习过程的策略与方法；而协同学习的内涵主要涉及学习系统的结构与功能。

2. 协同学习的多场作用空间

传统教学目标认知、情感和动作技能可进一步发展成协同学习的前四个学习场即信息场、知识场、情感场、行动场。价值场是第五个学习场，是一种系统导向和终极追求。五个学习场一方面规划了学习的目标，另一方面明确了实现目标的途径。同时，由于学习场的组织与协同等特征，各个学习场的要素之间处于相互联系、相互作用的状态。

3. 协同学习的发生机制

简单地说，多场协同、个体与群体的信息加工以及知识建构就是协同学习发生机制。五个学习场的工作分工是：①信息场与知识场提供了知识创新的空间；②情感场提供学习行为的发生和维持的驱动力来源，自身带有知识协同加工过程的动力，在整个学习过程有协调作用；③行动场提供了行为表现、活动展开和智慧生成的空间，是学习过程的延展和迁移；④价值场的价值要通过集体和个人的价值观、人生观以及道德规范来体现。价值场是主体对客观事物作出行为反应的基础，表征个体和群体在学习过程中的基本取向与追求。

因此，通过协同学习，在信息、知识、情感、行动和价值之间实现了有机整合与重新组合，对于个体与群体以内容为中介的深度互动及信息加工起到了推动作用，形成了深层次的知识建构。

延伸了协同学习理论，祝智庭教授及其研究团队在协同学习的基础上又建立了"协同学习系统元模型"，协同学习系统元模型是对协同学习的具体化分析，是在协同学习理论基础上形成的新型学习技术系统，其为数字互动课堂提供了全新的协同学习模式，协同学习系统元模型为学习者提供了新的学习方向和学习思路。

（三）移动学习理论和 TEL 五定律

在"移动学习理论"和"TEL 五定律"研究方面颇有成就的是黄荣怀教授及其团队。黄荣怀教授及其团队在教育信息化领域进行了大量理论与实践研究，以具有自主创新意义的理论成果为例。

1. 移动学习理论

以"移动学习"的概念为导向，经过进一步的综合研究，黄荣怀教授及其团队指出移动学习的内涵分为三种状态：移动学习是可使用便携设备的学习，同时也是发生在一定情境中的学习；移动学习更应是一种综合性、与多种学习方式相结合的学习；移动学习不应该局限于小屏幕输送或呈现内容，提倡对于学习发生的促进。

移动学习可以被定义为：移动学习是在非固定的、非预先规划的时间和地点的非正式场所，利用移动设备和物理的世界交互发生的个人的、协作的或者混合方式的任何学习，也包括正规场景，利用移动设备促进个体探究和协作。

黄荣怀教授及其团队在分析了移动学习的内涵、定义、发生的条件及其基本特征后，对决定移动学习实施的制约性问题——"移动学习活动设计"更是进行了深入长久的研究。为更具有权威性与说服力，黄荣怀教授及其团队对30多个国际移动学习项目及相关活动进行了分析，形成了带有创意性的"移动学习活动设计模型"（MLADM 模型），并详细阐述了此模型的六个相关因素，六个因素分别为需求分析、聚焦学习者、学习场景设计、提供必要的技术环境、约束条件分析和学习支持服务，在此基础上还运用了大量国际知名移动学习项目的实际学习活动案例进行论证。因此，移动学习活动设计不仅在理论方面说服力强，在实践方面，具有更大的指导意义。

2. TEL 五定律

在"如何运用技术来支持学习"方面，黄荣怀教授及其团队的研究更是别具匠心。具体内容体现在以下几点：

（1）关于"学习情景"的内涵，学习情景是指"对一个或一系列学习事件或学习活动的综合描述"，学习情景的四个基本要素是学习时间、学习地点、学习伙伴、学习活动。而学习情景的核心内容为学习活动，学习活动又分为学习任务、学习方法与评价要求等。

（2）根据组成学习情景的因素状况，学习情景可分为课堂听讲、个人自学、研讨性学习、边做边学与基于工作的学习五种类型。

（3）关于有效学习活动，实际是学习者在预期的时间内完成学习任务、达到学习目标的过程，要保证有效学习活动的顺利实施，需要具备五个基本条件，即以真实问题为起点、以学习兴趣（意愿）为动力、以学习活动的体验为外显行为、以分析性思考为内隐行为、以指导和反馈为外部支持等。

（4）掌握了"有效学习活动"基本内容后，需把技术真正应用到促进学习（Technology Enhanced Learning，简称 TEL）中，并保证实施效果，黄荣怀教授及其团队根据要求提出了需要满足的五定律,简称 TEL 定律,包括数字化学习资源、虚拟学习社区、学习管理系统、设计者心理、学习者心理等,TEL 五定律具体内容如下:

一是资源,如何吸引学习者主动浏览或"遍历"数字化学习资源,并进一步证明其教学效果要高于 F2F(面对面),基于这一点提出了五个基本要求,即满足内容必需、难度适中、结构合理、媒体适当和导航清晰等。

二是环境,如何保证学习者在虚拟的学习环境(VLE)中可以自由地交流,并能优于现实环境的交流效果,基于这一点要满足的条件包括:群体归属感、个体成就感和情感认同感等。

三是系统,如何保障教师可以通过学习管理系统(LMS)对学习过程实施有效管理,基于这一点要达到四个条件,即满足过程耦合、绩效提升、数据可信和习惯养成等。

四是设计,熟知用户"心理",做用户想要的,用户需要的,是设计成功实施的关键,因此课程资源、学习支撑平台、管理信息系统等的设计要从用户需求角度出发。

五是"敞开式"辅导,由于学习者在学习过程中一般都不会主动寻求帮助,因此要改变被动的教学方式。

在信息化环境下,TEL 五定律对于教学领域的教学设计人员和学习组织者都有着理论和实践双方面的指导意义。

(四)教学结构理论

自 20 世纪 80 年代以来,我国各级各类学校在教学改革方面的探索从未停止,在全体教育工作者的共同努力下,取得了不菲的成果。然而,根据实际的教学效果,一些学者、专家提出的这些改革并未给教育、教学领域带来实质性的突破,事实上,一些改革的内容都还只局限于教学内容、教学手段和教学方法等层面,而真正的关于教学结构的改革,还没有触及,究其原因,教学内容、手段和方法的改革是属于形式上的改革,而要改变教育思想、教学观念、教学理论和学习理论等深层次的问题,从历史经验来看,需要在改革教学结构的前提下再进行教学内容、手段与方法的整体改革,当表里都改变了的情况下,教育思想、观念、理论等深层次问题才会相应地发生改变,教学改革才会取得重大效果。

教学结构的本质决定了教学结构是教育改革的重中之重,而真正的教学结构是指在教育思想、教学理论和学习理论指导下,并在一定环境中展开的教学活动进程的稳定结构形式,是教学系统四个组成要素(教师、学生、教学内容和教学媒体)相互联系、相互作用的具体体现。简而言之,教师所执行的教育思想、教学观念、教与学理论都是由教学结构所决定的。教学结构集中体现了教育思想、教学观念、教与学理论的内容。所以教学结构的改革自然要比教学手段、教学方法等形式的改革深刻，正因为教学结构改革更彻底，更具有实质性，因此教学结构的改革背负的担子更重，实施的过程更要曲折些。

教学结构的定义决定了教学结构的特性，教学结构的主要特性包括依附性、动态性、系统性、层次性、稳定性；而教学结构的基本类型分为：①"以教师为中心"的教学结构；②"以学生为中心"的教学结构，"以教师为中心"教学结构在我国各级各类学校中占据主导地位，"以学生为中心"的教学结构在西方国家的各级各类学校中具有主导地位。目前世界各国在各级各类学校中都倡导这两种教学结构；③主导—主体相结合的教学结构，此教育结构是何克抗教授在基于信息技术与课程深层次整合目标（也是教育深化改革的目标）基础上提出的一种全新教学结构。

尽管"以教师为中心"的教学结构，目前是我国较为倡导的，但从对新型人才的需求以及信息技术与课程整合目标看，"以教师为中心"的教学结构已经不适应教育信息化环境下对人才要求的标准，而创建既能发挥教师主导作用又能充分体现学生认知主体地位的新型的"主导—主体相结合"教学结构是当下发展趋势。

第三节　信息化环境下的教学设计

所谓教学设计，是结合学习理论、教学理论和传播理论这三种理论，以科学理论的观点和方法进行调查并分析教学中的问题和需求，进而确定目标，建立解决问题的步骤，从中选择相应的教学活动和教学资源，评价其结果，从而优化教学效果的目的。

一、典型的教学设计模式分析

（一）科拉克的教学设计模式

教学设计模式依据教学的目的、老师自身的经验与技巧、学生的认知方式、教学的环境条件而定，由于各个要素不同，所以出现了多种设计模式，但其基本要素相似，不同的设计模式之间也相互关联，图2-1呈现的是科拉克的教学设计模式。

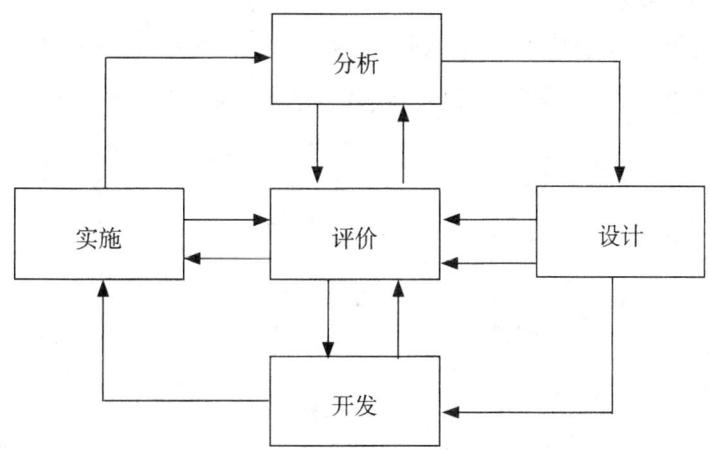

图 2-1 科拉克的动态教学设计模型

在分析环节，教学设计主题在系统分析中得出，并根据主题设计一组任务列表的内容和要求，进一步明确学习者相应的学习任务。同时，在分析环节所完成的任务要建立绩效测试标准，评估任务完成的具体情况，并结合学习者的集体学习、在职学习或自学等不同形式分析所需的学习环境条件，判断主题任务完成对于学习者所产生的价值。

（二）迪克-凯利模式

迪克-凯利模式是最早提出的教学系统化设计模型，是经作者多次修改和完善后的成果，如图 2-2 所示。迪克-凯利模式以教学目标为开始，以总结性评价为终点，开始—结束这一过程，完成一个完整的教学系统。

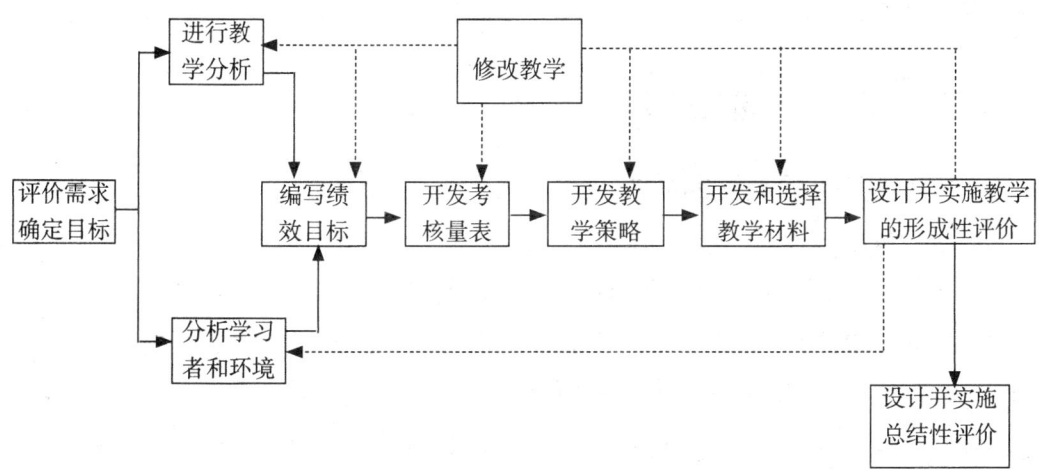

图 2-2 迪克-凯利教学系统设计模型

（三）肯普模式

肯普模式，通过对教学系统四个基本要素（学生、方法、目标和评价）的发散和引申，提出了一个完整的教学系统开发模型，如图 2-3 所示。

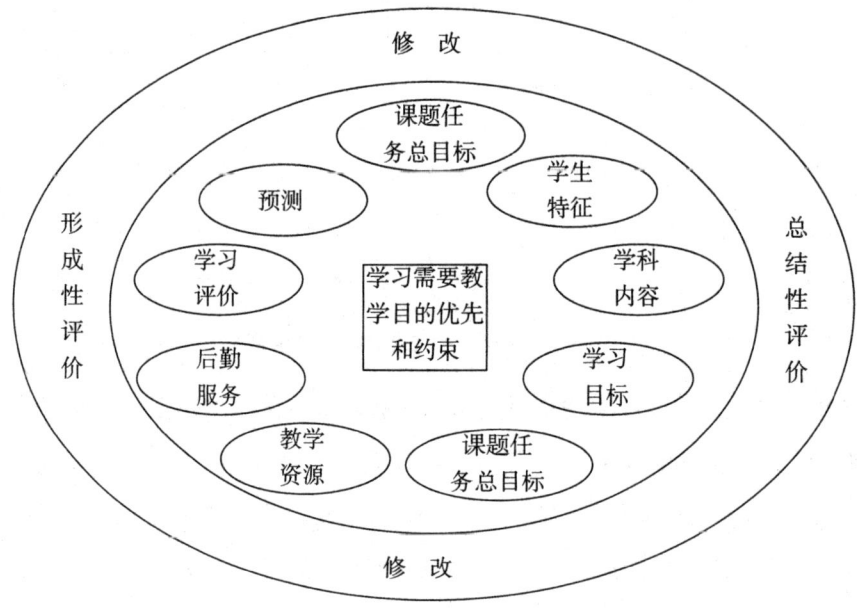

图 2-3　肯普教学系统开发模型

肯普列出了 10 个教学设计的"因素"，并按照常规教学方案的排列顺序，将 10 个因素根据逻辑顺时针依次进行排序，不同的是，肯普列出的各因素之间没有用线条和箭头连接，而是彼此之间处于独立状态。因此，任何一个因素都可以作为设计的起点，再根据实际情况进行教学。

二、学习目标的编写

（一）学习目标编写的要求

1.学习目标

学习目标就是学习的目标，用来体现学生行为或表现的，是学生所表现出来的，以此来证明学习的发生。由于学习不可能直接观察到，因此教师需要通过学生的表现来确定学习是否发生。通常，学习目标就是学生的行为目标。实际上，学习目标体现的是学生的具体行为变化，不是理想的、要求达到的目标，即学习目标应该是可观察、可测量的。

2. ABCD 法

美国学者马杰因为研究行为目标而著名,马杰在他的经典著作《程序教学目标的编写》中提出,一个学习目标应该包括行为、条件、标准三个基本要素。一些教育研究者还认为有必要在这三个要素的基础上,加上对教学对象的描述:

(1)确定要学习的教学对象(A-audience);

(2)行为(B-Behavior),学习任务完成后,学习者做到了哪些;

(3)条件(C-Condition),具体阐述,行为发生需要具备的条件;

(4)标度(D-degree),用于规定、评定上述行为的标准。

这样,一个规范的学习目标就包括对象、行为、条件、标准四个要素,形成了一个所谓 ABCD 结构模式,我们称为 ABCD 法。

(二)编写学习目标的具体方法

1. 对象的表述

在学习目标的表述中,教学对象要被明确提出,如"小学一年级学生""参加教育技术在职培训的学科教师"等。

2. 行为的表述

所谓的行为表述是说明学习者通过学习以后,应获得怎样的能力。描述行为的基本方法是使用一个动宾结构的短语,行为动词说明学习的类型,宾语则说明学习的内容。

(1)给计算机辅助教学(CAI)下定义;

(2)说出通用计算机系统的基本软、硬件组成,描述计算机的工作原理;

(3)用实例说明 CAI 系统的功能特点;

(4)描述 CAI 系统的软件结构。

基于宾语部分的内容与学科或培训课程的具体内容是相通的,教师或教学设计人员就很容易掌握。相对于行为动词的掌握就有一定的难度,由于学习目标中的行为具有可观察性的特点,因此在实际应用中一些行为动词如"知道""理解""掌握""欣赏"等要避免使用,所以描述行为最困难的是行为动词的选用。

第四节 信息化环境下的教师专业发展研究

一、研究设计

该研究面向高职教师,调查对象必须具有一定的代表性和典型性。研究者最终选取了天津轻工职业技术学院教师。天津轻工职业院校是国家投入20亿元重点支持的100所国家示范性高等职业院校之一,高校各个方面都处于领先地位,如领导能力、综合实力、教育教学改革、专业发展、社会服务、建设环境、人才培养模式、实验实训基地、师资队伍建设和课程体系与教学内容改革等。全国高职教育的发展离不开高职院校的发展,高职院校的发展离不开高职院校教师的努力与付出。

在调查问卷的设计与编制中,清楚地界定教师工作生活质量(QWL)是对教师QWL情况进行调查的前提。教师QWL目前为止没有一种固定的界定,因研究者的研究视角和研究价值取向的不同而没有共识。一般来说,教师QWL可以从主观和客观两个角度进行界定。在主观维度上,教师QWL指教师工作过程中的直观感受、工作满意度等。在客观维度上,教师QWL指教师工作的条件、组织氛围情况。实际上,只有将教师工作过程中的主观感受(主观层面)和客观环境的质量(客观层面)两者有机结合后,才能形成完整的全面的准确的理解。教师QWL的含义:教师QWL从全局出发,学校通过满足教师的物质与精神需要,促使教师发挥创造力,增强其责任感与主人翁精神,获取更高境界的满意感。QWL强调的不是如何攫取教师的价值为学校牟利,而是更好地使组织的工作高效完成,教师的QWL高,达到这样一个双赢的局面。QWL注重处理教师与学校、社会和家庭间的平衡关系,教师QWL可以简单地理解为为了组织(学校)目标能够高效地完成,增强教师归属观,而形成的组织与教师共赢发展的趋势。对于高职教师群体,工作量和工作压力也很大。但高职教师QWL研究,可能更倾向于关注其教科研活动、职业发展、福利待遇、绩效管理、职业认可度、受尊重情况、职称评定、职业满意度、身心健康、自我成就感、自我满意度等方面。

最后根据教师QWL的含义和高职院校教师群体的特点及马斯洛需求层次理论展开问卷及访谈调查研究,编制教师基本情况问卷和教师QWL情况问卷,教师基本情况问卷由研究者自行编制,共9个题目,内容涉及被测试者的性别、年龄、学历、职称、等级、教龄、双师型教师、教授课程类型等变量。教师QWL情况问卷,主要从马斯洛的需求层次理论为依据，根据相关问卷及高校教师群体特点制定，问卷主要涉及三个维度：工作感受与氛围、组织氛围与社会环境和健康与家庭，其中三个维度涉及以下八个具体方面：工作感受、工作氛围、组织规章制度与管理体系、工作内容与工作状态、健康状况、组织形象与社会环境、家庭与工作关系和生活情绪与工作的关系。在个人工作、组织氛围与社会环境和健康与家庭这重要的三大维度上，形成适合高职教师QWL的三维结构，由于高职教师工作内容和性质及这个岗位对教师的专属要求，研究者关注工作任务和教师职业发展及教师待遇和身心状态及工作满意度等方面。因而研究者侧重呈现高职教师QWL现状和其主观感受、客观的单位环境，使校方和教师个体两者在共同利益和各自所需方面达到共赢的局面。

（一）高职教师整体工作状态紧张

综合来看，从本次调查结果可以发现，关于高职教师的工作条件、工作重要性、工作内容等客观条件还是不错的。这与我国近些年从中央到地方都大力发展职业教育，关注高职教师职业发展规划，不断求实创新和加强职业教育可持续发展等政策的实施是不可分割的。多数高职教师普遍认为他们的工作得到了认可和重视，但是调查结果也显示一部分教师的工作感受需要进行相应的调整。如果高职教师的工作效率、工作时间、工作自主性、工作能力、工作计划、工作责任感、工作量等方面不尽如人意，那么所教授的学生和工作单位的绩效会处于何等层次。作为一名高职院校教师，教师的工作维度从实际意义出发是最大的工作内在驱动力，也是最好的工作激励方式。所以认真分析高职教师工作维度中各子因素的现状对高职教师的工作状态很有帮助。

第一，工作自主性与工作效率一般。高职教师"工作自主性"指在工作岗位上，教师这个岗位或者学校给教师群体的工作任务，教师在完成这些工作任务的过程中是出于自愿，自己主导自己，而非被动地完成工作任务和进度。教师在完成教师工作任务时主要是独立个体，在自由自主的大环境下去执行教师工作，这样可以使教师工作效率更高，教师自我工作管理性强，处理解决问题的能力更强。高职教师群体中，近57.60%的人对自我工作自主性评价不是很满意，认为自身工作自主性强"不符合"或"一般"。如果教师工作中没有较好的自主性，而处于被动地执行任务的状态，这样的工作效果是不理想的，这应该引起校领导或管理者的重视，从根本上采取有效可行的措施，帮助高职教师从自身加强管理，更积极主动地完成教师工作任务，提高工作效率。

第二，工作量与工作负荷不低。多数人认为高职教师的工作普遍存在超时的情况，但也有一些人认为高职教师工作量小,只是教书这么简单,事实上高职教师工作出现过载是普遍现象。对高职教师工作量的调查显示,只有9.4%的教师表示工作量过载不符合实际情况,其余90.6%表示自身工作量过载。工作量过载会严重影响教师的休息时间和生活质量,进而影响工作效率。因此校方应该关注教师群体的工作量分配问题。高职教师的工作可以分为基本工作任务和教师职业发展所涉及的工作任务。而其基本工作任务,主要涉及教书、学生管理(学校、学生、自身因素产生的影响),考查教师的工作量是否呈现负荷,调查结果显示,认为教学任务的工作量很大而影响工作生活质量的有53.5%选择了"符合"一项,选"不符合"的只有10.4%。就学生管理和教书的任务而言,由于高职院校学生学习积极性不高,所以就因学生的知识基础和学习能力很弱而导致教师教学困难的调查中,有51.7%的教师认为"符合","不符合"的只有14.2%。

班主任的工作重心在于管理学生。班主任的工作相对比较烦琐和复杂,有46.2%的教师认为"符合",而教学之外的工作任务,高职教师涉及的是参加技能类大赛、参与课程或教学改革、主持或参与项目、发表学术论文、承担社会培训工作等。调查结果显示,不愿意参加技能大赛等类似活动,感觉带来了极大工作压力的占50.90%,"不符合"的占17.00%。学校对课程或教学改革的期望给工作带来压力选择"符合"的占67.90%,"不符合"的占8.50%。不愿意主持或参与项目,会带来极大工作压力选"符合"的占58.50%,"不符合"的占8.50%。愿意承担社会培训工作,不会带来极大工作压力选"符合"的占54.50%,"不符合"的占14.20%。学校对科研的期望给您工作带来压力选"符合"的占66.90%,但是"不符合"的仅仅占1.90%。对于这部分工作,高职教师普遍感觉有一定的工作量和工作压力。但对于高职院校教师而言他们的工作重心主要是教学,而非科研。所以对于科研工作,校方给予的期望还是客观的,主要是教师自我的要求占主导地位。教师职业发展所涉及的工作任务,主要包括教师专业发展,包括学历提升、在职培训、自我能动性三个维度。调查显示,高职院校教师由于学历需提升而不断学习,提高自身的知识能力综合水平给教师带来额外学习任务选"符合"的占56.60%。作为高职教师,需要不断学习,提升教学能力和教学素养。就教师参与社会培训(作为受培训者)满意度调查显示,只有10.40%的人选"不符合",显然大家对教师培训的满意度较高。而整体的教师工作负荷显然不低。认为工作负荷量小,工作较轻松,可以自由支配时间的仅占7%,需八小时满负荷工作的占24%,其余就是工作负荷量偏高的。

第三，工作时间紧张。统计表明，72%的高职教师平均每天工作的时间为8~10小时，只有22%的高职教师工作时间在8小时以内。正常的上班族工作时间以8小时为标准。超出8小时，有时下班后回家依然要工作3~4小时。调查显示教师在工作时间除了教学，更多的是管理学生和自我管理。学生管理多数指做学生管理工作的老师，而教师自我管理是指所有老师，每学期除参加相应的教师培训之余，教师需要学习本学科领域的新知识与技术，同时在自身职业发展的大方向中完成相应的任务。这两方面占据高职教师的时间相对比较多。

第四，工作压力主要来自学校。调查显示，57%的高职教师认为自身工作压力主要来源于学校，并且有15%的教师工作压力来自学生。仅有1%的教师工作压力来自家庭，而社会占第二位，27%。在采访中有位副院长讲述工作压力，认为教师工作压力主要来自学校，对于教师，校方是组织管理者，而教师为其组织员工，工作是围绕校方安排进行，与所谓的社会认可度、学生情况等关系不那么大。即使学生的基本情况会多少影响教师教学进度或授课情况，但不会带来工作压力。但也有工作压力是源于教师个人本身，比如职称的评定等。

老师的压力还包括制度压力和角色冲突压力。制度压力（45.3%）相对较高，角色冲突压力为26.4%，包括为人师表、教书育人、与学生沟通交流产生的压力等。对于外部压力（8.5%），就待遇而言教师整体比较满意。但是单纯就学校工作压力大小的感受情况调查发现，高职教师认为没有压力的低于10%，而认为压力一般与压力比较大的占90%以上。这结果值得管理者高度关注。

（二）组织氛围和工作环境较完善

组织氛围和工作环境这两个方面对高职教师QWL有重大影响。组织氛围体现在教师自身发展机会、教师受尊重、教师人际关系等多个方面。校方如果提供更轻松、更快乐自由的工作环境，便可以促进教师进行良好的交流沟通。而灵活的弹性工作时间和工作环境对教师工作生活质量而言很重要。校方是提供者和监督者，同时负责薪酬及福利。

第一，校方关注教师情况。通过校方对教师的重视情况及对教师的关注情况可以了解组织对成员的态度。"校方关心教师健康"选"符合"的占86.90%，"校方非常重视教师"填"符合"的占61.30%。学校同时需要重视提高软硬设施，经常组织教师参加团体活动，给教师创造和谐的人际交往空间，"经常组织教师团体活动"选"符合"的占42.40%。整体情况良好。

第二,学校管理体系情况。组织环境很重要,包括自然环境在内。而就学校管理和薪酬管理的合理性调查中,选"符合"的占 46.20%,还有一半多的教师在这个方面有更高的要求,"薪酬待遇好"选"符合"的占 43.20%,这是值得管理者深思的问题。一个完善的人员管理与薪酬管理体系是教师 QWL 高的保证之一。

第三,职业生涯管理体系情况。任何一个单位都有职业生涯管理体系,但都值得进一步完善。"校方提供发展机会(教师继续教育的系列在职培训)"选"符合"的占 47.10%。"完善的教师职业生涯管理体系"选"符合"的占 66.00%。学校自身校本研修制度的情况,多数是有此制度,但开展情况有待提高。

(三)教师健康及工作与生活和谐性需提高

高职教师 QWL 不但是工作和工作单位情况,同时也包括教师的身心健康及工作与生活和谐性等多个方面。

第一,身心健康情况良好。身心快乐是形容身心健康的一个标志。调查显示,仅有 11.3% 的教师感到身心不快乐,而 59.4% 都选"符合"。但也刚刚超过 50%,还有一部分教师处于不是快乐的工作状态中,这会影响到 QWL。但是直接调查教师身体健康状态,多数教师在"身体健康状态良好"处选"符合"的占 67%,所以校方应多关注教师的工作状态和工作情绪,而教师自己也需要及时调节。

第二,工作质量与生活质量关系紧密。众所周知,工作是生活的一部分,而工作时间及工作量如果安排不合理,工作地点会由学校转移至家中,占据正常的休息时间,但是两者的关系经调查结果显示,"工作质量对生活质量影响大"选"符合"的占 66%,说明一半以上的教师懂得平衡工作与生活的关系。所以管理者也值得关注,工作与生活两者可能互相影响,当然家庭生活也会影响到工作生活质量。

第三,心理素质与抗压能力。通过调查高职教师处理困难的情况,可以了解教师的心理素质与抗压能力。调查结果表明,"积极面对困难与挫折"为"符合"的占 60.40%,"不符合"的仅有 5.7%,说明高职教师抗挫折有自信心。同时整体的精神状态和体力还是不错的。"精神好,体力好"为"符合"的占 63.20%。这同样是值得管理者与教师关注的,工作中难免会遇到挫折与失利,而这时心理素质与抗压自信就显得尤为重要。

三、分析讨论

从调查结果来看,高校对高职教师的工作要求越来越高,工作压力越来越大,高职院校教师除了完成平日的备考教学任务等常规教育工作外,还有一系列的教育科研工作、撰写学术报告或者学术论文工作、教育教学培训工作、现代教育技术相关培训、计算机应用能力学习等相关教育类考试,参加教育教学公开课、评比课、展示课、班主任工作等多方面的考核评价。这些超负荷的工作与重大责任影响到教师的生活质量。

显然高职院校教师 QWL 的高低都直接或间接影响到他们的工作满意度、情况投入、工作绩效等。目前我国高职院校教师工作时间过长、工作负荷量过大、工作压力过大等都成为一个普遍现象,这会影响高职院校教师的身心健康,导致职业疲倦,使高职院校教师工作满意度下降,从影响教育教学质量和学校的整体发展,甚至是职业教育的整体发展。因此,关注高职院校教师 QWL,是提升教师和学校自身发展及可持续发展的要求。从工作感受与氛围、组织氛围与社会环境和健康与家庭这三个维度涉及的八个具体方面中,工作感受、工作氛围、工作内容与工作状态和组织规章制度与管理体系对教师 QWL 的影响明显。而身心健康状况整体一般,身心健康情况良好,心理素质与抗压能力表现比较客观,教师普遍对自己解决困难有自信心。多数教师认为工作质量与生活质量密切相关。

四、建议对策

基于上述分析,为了进一步提高高职教师 QWL 水平,可以采取以下措施:

第一,从工作的视角来看,应加强高职教师自我管理,完善组织者的管理理念与体系。从工作的视角而言,为了改善高职教师 QWL,可以从两个方面加以完善。一是加强高职教师工作自我管理,使高职教师追求生命价值。教师这个职业,具有其特殊的工作属性,尤其高校教师,而高职教师不仅仅是一种职业的体现,更是一种生命存在的形式,而教师的生命正是教师个体生命和职业生命的结合体。生命价值的追求,在此具体指教师精神价值的追求。而精神层面的价值追求的落脚点就是幸福感。如何让高职教师由信服到幸福,这是一个值得探究的问题。高校提倡高职教师为了提高生活质量应不断学习,深层次的内化则是提高高职教师的学习效能感,学习源于欣赏,学习效能感强工作就更得心应手,只有教师学有所用,工作中有一定的工作成就感,内心便自生底气,催生职业效能感,工作中的幸福感就油然而生。而原本看似是为了生活而工作,为了工作而工作,为了工作而学习的压力式思维模式就打破了。二是组织领导和校方管理者需要不断完善教师的管理理念与管理体系。加强对高职教师生命关怀,落实"弹性工作制",制定完善的教师管理体系。就教师职业规划而言,高职教师的职业发展理念是一个长期可持续的宏观的终生发展理念。高职教师的职业发展涉及两方面，自我发展和他发展，高职教师应制订适合自己的职业生涯规划。

第二，从组织氛围和社会环境的视角来看，应完善校方工作氛围与校方社会责任体系。高职院校教师 QWL 在校园氛围与社会环境两个层面，主要体现为校园氛围与文化、教师晋级职称的发展机会、教师受尊重、教师教学工作反馈等方面。职业院校教师在教书育人工作中，也很关注个人的可持续发展，教师群体也有自己的成长发展的种种机会。所以社会各界需要更关注教师群体的可持续发展，对教师发展持有持续发展观。学校应提供更好的教师发展空间，具有更合理的教师管理体系，这些都将成为重要的激励教师合理工作发展的因素，是提高教师 QWL 的至关重要的因素。作为高职教师，尊重也是重要的因素之一，教师期望受到学生尊重，受到同事领导尊重，受到社会尊重，这样也会给高职教师群体的工作带来积极的回应，QWL 也会更佳。高效率的工作反馈，无论是来自学校的评估、还是学生成绩、个人发展等工作的信息反馈，都会带给教师一个清楚明确的保证。社会各界对教师本身就要求较高，无论是学识还是为人，社会的关注度也如此，外界对高职教师的正确直观的反馈都会对教师发展有积极的影响。对于教师待遇，更要切实合理规范，所以对于福利待遇，应切实与教师自身付出与回报成正比。提高工作环境的满意度，同时提高社会认可度。

第三，从健康与家庭管理的视角来看，应完善教师工作和健康与家庭的平衡协调性。任何一份工作，都应该关注职业者的健康，平衡工作与家庭的关系也将是影响正常工作生活质量的一个不可或缺的因素。所以校方的教师管理应从关心教师身心健康出发，合理安排工作时间和工作内容。对于高职教师 QWL 体现在身心健康、心理状况及工作和家庭平衡等多个方面。面对任何一份工作，有健康的身体与心态，精神抖擞的状态都是认真专心投入工作的前提保障。对于高职院校教师群体的身心状况，高校应侧重考虑教师工作任务与身心健康和家庭健康的平衡，加强高职教师心理素质和抗压能力培养，保证教师工作生活和谐发展。

第三章　高校信息化教学应用建设

第一节　网络教学系统的应用建设

教育信息化建设已从基础平台建设逐步发展到应用平台建设。针对这种情况，高校信息化建设应该集中精力开发基于教育城域网解决方案，面向教学、培训和教研三大应用，整合优质教学资源，打破了教育城域网原有产品用于网站、负责文件上传下达的简单功能。

一、网络环境建设

教育城域网的网络环境按其应用功能可分为四类：一是用于办公，如教师备课、文件上传下达等；二是用于通讯，以网站为代表，融合了BLOG等技术；三是用于资源管理，现实情况是高校建设时，往往买了资源库，却没有本地资源进入，只能靠所购买资源库一年一两次更新，无法与教学形成互动；四是用于视频教学，真实记录课堂教学全过程，并对此进行录播、直播和刻录输出，实现资源共享，教学评估，教师培训。其中的视频教学网络环境又细分为三大类：一是公开课视频会议；二是精品课程录播；三是远程教学评估。

二、教学平台建设

什么是教学平台？传统的黑板加粉笔的教学手段已无法适应当前大信息量的教学内容需求，虽然各高校纷纷建立多媒体教室，但是独立的多媒体教室，并没有充分利用网络资源，仍然不能摆脱以教师讲课为主的学习模式。为适应社会经济和科技发展对高素质创造型人才的需要，必须创造一个在教师指导下的学生自主式学习的环境。

当今，通信、网络和计算机技术的发展，为教育发展提供了技术支持，迅猛发展的现代教育技术提供了教学模式改革所必需的技术支持手段，这种新的技术手段就是网络教学平台。从广义上讲，网络教学平台是指将网络技术作为构成新型学习环境的有机因素，充分体现学习者的主体地位。不管哪种定义，网络教学平台不排斥传统的教学方式，它的教学活动组织要在传统的课堂、网络等方面同时展开。网络教学平台的发展其意义在于能够打破封闭的教育环境，进而建立一种开放的教学与学习环境。它改变了那种以教师为中心的教育观念，实现了以学生为中心，使教学成为在教师引导下交互式的双向活动。教师的角色由原来处于中心地位的知识的解说员、传授者转变为学生学习的指导者、帮助者、促进者。学生的学习方式在网络环境下摆脱了传统教学中以教师、教材、课堂为主要渠道接受知识的模式，学生可以在多元化的学习环境中获取更多更有用的知识。

高校可利用传媒与通信技术构建网络教学平台，开展网络教学活动。主要有开路电视远程教育系统，Internet 教育系统，以卫星传输为主、互联网传输为辅的教育系统，双向 HFC 有线电视网络现代远程教育系统，视频会议系统等多种形式。

（一）基于传统电视的远程教育系统

利用卫星电视系统、有线电视系统、无线广播等大众传播媒介传播各类教育教学节目和社会科学教学节目，学生则在各教学点或家里利用电视机收看。

（二）基于 Internet 的远程教学模式

该教学模式以其丰富的教学资源、方便的交互方式、迅速地反馈交流，正成为现代远程教育关注的热点。在 Internet 上，学生和教师之间可以传输文字、图形、声音、图像等各种信息。它适应于异步讲授，个别化学习。

（三）基于电视与计算机相结合的远程教育模式

通过有线或开路电视系统学生可以直接获得比因特网上传输质量高得多的视频和音频信息；通过网络实现远程教学课件的浏览与学习，通过电子邮件可传送作业或答疑；或者利用卫星电视系统传输制作好的 CAI 课件，使学生通过卫星下载有关 IP 课件，利用多媒体计算机自主学习。

（四）基于双向传输的 HFC 有线电视网络

用光纤和同轴电缆结合而成的 HFC（Hybrid Fiber Coax），这种融数模传输为一体，集光电功能为一身的网络结构，不仅使多频道的广播电视传输质量大大提高，更主要的是形成一个性能优良、双向传输、多功能开发的网络平台。它充分利用 MPEG2 视音频编码压缩技术、DVB2C 数字广播技术，可以获得高质量视频、音频和数据服务，保证教学过程的实时转播、实时交互与课堂交流。

（五）视频会议系统

作为一种交互式的多媒体实时通信方式，使异地之间进行面对面的交流成为可能，可以使处于不同地区的多个用户之间，利用先进的硬件技术来完成对视频与音频信号的压缩/解压缩处理，进而通过多媒体网络相互实时地传送声音、图像、文件等信息，使用户更方便、更大限度地共享各类信息。通过网络教学平台，学生在学习过程中可以突破传统教育空间的限制，在异地接受知识的传授，而不受区域和时间的限制。随着信息量的增大，学生的视野也在扩大，学生的学习方式、思维方式也逐渐地改变，使学生的地位由被动的受教育者变为主动学习者，向自主化和个性化发展。

三、教学资源库建设

教学资源是指支持教学的相关资源，大致分为教材、支持系统和环境，甚至涵盖一切有助于教学活动的任何事物。

教学资源数据库是教学资源库的核心。它分为三个层次，最底层是媒体素材库及索引库，在此基础上，还有积件库、课件库、题库、案例库及相应的索引库，最上层是网络课程库和索引库。

学生将自己的教学经验和学习过程（如学生的电子作品集、教师和学生的讨论过程）充实到资源库中，这些内容可以随着时间的推移不断地更新，进而使得资源库不断更新，建设成有本校特色的、个性化的、动态的校园网资源。

四、网络课件开发

网络课件的质量，不仅取决于制作课件的技术水平，还取决于教学内容的质量、学习内容的表现形式、学习方法的合理运用、学习策略的具体实施等因素。同时，开发网络课件需要运用教育学、心理学、计算机科学、美学和各专业学科等多方面的知识。因此，最好进行合作开发，以提高开发速度和开发质量。网络课件应考虑以下几方面进行开发：

第一，课件的交互性。网络课件应该是最明显的"双主模式"的一种体现。因此课件设计时，就应该考虑教师与学生之间、学生与学生之间的交互。表现的知识应该是可操纵的，而不是教材的电子搬家。

第二，界面直观友好。软件界面要美观，符合学生的视觉心理；操作要简单。

第三，创新能力培养。学生在学习过程进行积极的思考，而不是处于被动接受知识状态,从而培养学生自主学习的能力和创新能力。

第四,科学原则。教育软件中所要表达的知识要具有科学性,措辞要准确,行文要流畅,符合知识的内在逻辑体系和学生的认知结构。

第五,教学设计原则。要重视教学设计,即要注意分析学习者的特征、要分析教学目标和教学内容的结构、要设计符合学生认知心理知识表现形式,设计能够有力地促进主动建构知识意义的学习策略。

第六,网络安全性的问题。由于课件在网络上运行,必须重视网络的安全保障,可为网络安装监控和防护措施。

第七,安全备份问题。对网络课程应该及时做好备份。

遵循以上方面进行设计的网络课件应该算是完善的网络课件,通过将这些网络课件应用于高校的信息化建设中,必定会对教学过程起到非常重要的作用。通过网络课件的应用,可以向学生演示和表达知识,辅助教师进行知识的传授。在很大程度上,帮助学生巩固知识,诱导学生积极思考,帮助学生发现探索知识。此外网络课件除了教师在面授课用到之外,还可将制作好的课件上传到网上,同学们下载之后可自主学习。

五、多媒体课件开发

目前,教育正在走向信息化、现代化。多媒体技术、网络技术已经为越来越多的学校所采用,成为教育教学的支撑技术。教育技术的现代化正在改变着教学手段、教学方法,势必带来教学内容、教学观念的更新,教育教学的改革势在必行。多媒体课件的开发对于教育教学改革起到了很大的推动作用。

多媒体课件是一种根据教学目标设置的表现特定教学内容和反映一定教学策略的计算机教学程序。它可以用来存贮、传递和处理教学信息,能让学生进行交互操作,并对学生的学习做出评价。

多媒体课件的开发与一般计算机应用软件的开发过程大致相同,都要运用软件工程的技术和方法。但由于多媒体课件是面向教学过程的,因此,多媒体课件的开发并不完全等同于一般计算机应用软件的开发,需要充分考虑多媒体课件的特点,应用的教学情况,并在现代教育思想和教育理论的指导下,遵照科学的流程才能使开发的多媒体课件符合教学规律,取得最好的教学效果。另外,多媒体课件一般情况下是直接运行在 Internet 或 Intranet 上,所以必须考虑其在低带宽下运行的流畅性,常用的解决方法是采用"流方式传输"。

综上所述，多媒体网络课件的主要特点是：体积小，传输速度快，功能强大；既能助教又能助学；信息量大，资源共享；实时交互性强，信息反馈快；高度模块化，灵活性强；可扩展性、移植性强；有网络监控和广播功能。

（一）制作多媒体课件的基本要求

由于多媒体课件是面向教学过程的，具有教育性的特征，所以在制作时应该达到以下几点基本要求：

1. 正确表达教学内容

在多媒体课件中，教学内容是用多媒体信息来表达的。各种媒体信息都必须是为了表现某一个知识点的内容，为达到某一层次的教学目标而设计、选择的。各个知识点之间应建立一定的联系，以形成具有学科特色的知识结构体系。

2. 反映教学过程和教学策略

在多媒体课件中，通过对多媒体信息的选择与组织、系统结构、教学程序、学习导航、问题设置、诊断评价等方式来反映教学过程和教学策略。一般在多媒体课件中，大都包含有知识讲解、举例说明、媒体演示、提问诊断、反馈评价等基本部分。

3. 具有友好的人机交互界面

交互界面是学习者和计算机进行信息交换的通道，学习者就是通过交互界面进行人机交互的。多媒体课件中的交互界面多种多样，最主要的有菜单、图标、按钮、窗口、热键等。

4. 具有诊断评价、反馈强化功能

由于计算机具有判断、识别和思维的能力，所以我们利用计算机这些特点，在多媒体课件中通常要设置一些问题作为形成性练习，供学习者思考和练习。这样可以及时了解学习者的学习情况，并做出相应的评价，使学习者加深对所学知识的理解。

（二）多媒体课件的制作流程

多媒体课件是一种教学系统。它和通常的教学系统——课堂教学系统的根本目的是一致的，不同的只是所采用的形态不同。如何确定多媒体课件的教学目标、教学内容、教学策略、分析学习者特征、选择合适的媒体信息，实现教学过程的控制以及实现诊断评价都是多媒体课件开发中教学设计环节需要解决的问题，教学设计是多媒体课件成功的关键。其制作流程具体包括：

1. 选题

选择开发多媒体课件的课题是整个课件开发的第一步，确定一个好的课题是至关重要的。选题的原则：价值性，课题应选择较为重要的内容或急需的内容，以及较为抽象的重点和难点；主题单一性，课题内容尽量集中，涉及面不要太宽；课题表现性，在选题上应选择用常规方法难以表现而又适合于计算机多媒体表现的课题。例如：一些微观、图片多、动画多、具有形象性的教材，适合于计算机模拟，直观性强，教学效果好。

2. 编制原则

一个好的多媒体教学软件（课件），必须具备：教育性，课题内容必须符合教学大纲，其表现形式必须符合教育心理学；科学性，课题中涉及的科学原理、定义、概念一定要准确无误，阐述的观点、论据和涉及的素材一定要真实、准确、标准化，并符合科学的逻辑；技术性，熟练掌握制作设备的各项功能；艺术性，编制的课件应具有艺术感染力，从构图、色彩、美工设计、布光、组合等等都应鲜明具有主题，从视觉和听觉上具有一定冲击力，逻辑思维应能引人入胜。

3. 可行性分析

确定课题内容时，一定要根据现有的技术情况、设备情况、资金情况来决定，没有把握完成的课题就尽量不要实施。

4. 策划

策划组建制作群：编制工作人员应由课题专业的教师和影、像、编程的专业人员组合，成立制作组，明确分工。在制作时需要各方面的技术人员、管理人员的共同协作。

5. 开发计划

首先要确定整个课件有多少任务，将整个制作过程的进度排出计划，严格按计划表实施。

6. 编写脚本

课题选定后，必须先写出文字脚本。所谓文字脚本简单的理解就是将画面与解说词对应地写出来。即把程序要完成的事情，用文字表达出来。脚本细致地描述了每一个模块的实现过程。这是开发课件的依据。脚本要清晰易懂，且要指明程序中的重点和要点。

7. 编写方框图

为了编程能顺利地进行，还需编写编程方框图。根据文字脚本将每个页面所包含的影像、图片、动画、文本、解说、音乐、热区、事件、文字按钮、图片按钮、动画按钮、子页面的设定，以及编程思路、页面链接一页一页的用几何图形表达出来。

8. 模板编程

当以上几个方面都完成后，即可进行各项工作。最好先进行模板编程。也就是说，先根据文字脚本和编程方框图设计出各个页面。屏幕美工的设计在保持科学性的前提下，尽量提高艺术的整体性和同一性。还需考虑课件在完成后使用的载体，如：多媒体课件主要用于多媒体投影机，整体创意在基调上最好采用明快、鲜艳、较高反差的方法。因为多媒体投影机的使用环境很难做到全黑，使用上述方法能得到较好的效果。当然，多媒体课件若用于远程教育在网上使用，那就另当别论了。页面在设计时要不落俗套，要敢于创新，给人一种耳目一新的感觉。同样页面的直观、容易理解、容易操作仍然是多媒体课件实用性的一项重要指标。页面的编号与各种按钮和热区标识应尽量统一。

9. 链接试运行

在模板编程完成后，即可进行链接试运行。虽然还未制作完各种素材，但可先使用一些现成的素材进行试运行。一切正常后，再去制作各种素材，这样可以避免许多重复劳动。因为，在编程时不会因为你的素材影响你的整体创意思维，反而还会根据整体创意思维指导以后素材的制作和各个构图的创意。在添加页面时，要经常进行测试，及时发现错误，避免发生返工的现象。

10. 收集、制作、处理素材

这部分内容是重点，先介绍一下多媒体课件制作的相关软件、硬件。硬件：一台或多台多媒体计算机，配置有：较好的声卡（配音用）、显卡、视频采集K或压缩k（采集影像）、刻录光驱。外设有：摄像机、数码相机、扫描仪、话筒、MID 键盘、网络等。软件：Windows 操作系统，图形图像的处理可使用 PhotOShoP8.0、我行我速等。音、视频处理可使用 Premiere6、EO Video、Real Producer Plus、绘声绘影、Fireworks、Wave CN。动画处理使用 3D Studio Max、Flash 及 Gif Animator。

11. 系统合成

素材制作处理完毕后，将做好的素材一一安装到已经调好的程序中。对整个程序的创意思维和具体的构图创意进行最后的完善。对整个程序从头至尾地、每一个界面、每一个功能进行全面"扫描"，以完成系统合成。

12. 软件测试

最后阶段是对已经完成的程序进行检测，找出其中的错误和各种不稳定因素，并对其进行修改，对程序的检测完成，确定没有错误后，课件制作基本上就完成了。

13. 制作图标

任何一个软件都有自己的执行文件,以便打开程序。可根据自己制作的软件特点设计出有个性的图标。制作图标的程序较多。如 AX Icons、Icon Cool 等。

14. 优化打包

刻盘或网上发布打包,即是指将制作出的课件输出成 32 位的应用程序,可脱离制作平台而独立运行。程序在正式打包之前要进行优化。程序打包之前,要做好源程序的备份,并且做好其他的一切准备工作。在发行到光盘上时,要注意将所需要的外部文件都拷贝到光盘。刻制成原始光盘之后,还要再进行一次测试,防止因为发行到光盘后,发生了某些变化而使得程序不能够运行。或者是因为文件配置不合,而导致程序运行速度过慢。最后,要对光盘的文件组织结构进行优化。如果文件结构非常松散,就会导致程序运行速度变慢。最后是将打包后的内容刻录到光盘上去或网上发布,课件的制作工作就完成了。

六、精品课程建设

教育部发布《关于启动高等学校教学质量与教学改革工程精品课程建设工作的通知》之后,各省市教育行政主管部门也相继下发了通知,提出了建设精品课程的规划和措施,响应上级号召,各高校更应该迅速行动起来,启动建设本校的精品课程。

那么,精品课程建设的建设原则是什么?如何建设精品课程?一般认为精品课程应有以下几个建设原则:

第一,课程体系要符合科学的发展规律和教育的认识规律,并有创新。

第二,课程要有坚实的学术研究基础,是教与学切磋相长的荟萃。

第三,课程要在理论与实践、基础与新知、知识与技能等方面有合理的布局和设计。

第四,课程要在理论体系的高度顾及先行和后继课程的相关内容,有温旧,有铺垫,有延伸。

第五,课程要具有鲜明的时代气息,既有回顾,又有前瞻;既有反思,又有创新。

第六,课程要融知识传授、能力培养、素质教育于一体,通过教学相长,启迪学生探索求知的热情,引发他们奋发向上的精神和自强不息的品格,达到深远"效果"和宽广"辐射"。

精品课程的建设,刻提高教学质量、带动其他课程教学水平的提高有着巨大的推

动作用。所以,精品课程建设应从以下几个方面着手:

(一)确立正确的指导思想

精品课程建设的指导思想,是通过建设精品课程,推进各学科课程的整体建设,促进采取与课程相适应的教学理念、教学方式与教学手段,从而激发学生自主学习、积极探索与创造性研究的积极性;按照全新的教育理念,确定培养方案,并在这一思想指导下,确定精品课程建设的具体目标,落实教学理念,构建精品课程的整体构架,建立相应的管理机制。

(二)明确建设的目标

精品课程的建设目标,就是要建设一批能够体现新的教育理念的高水平、高质量的示范性课程。具体而言,这批课程要能够成为学校课程建设的"龙头"。通过这些课程的建设,推动人才培养的理念,建成一批辐射性强、影响力大的课程,然后大范围推进课程建设,提升整体教学水平,营造以人才培养为己任的教学氛围,通过精品课程教学队伍的建设,促进教学中坚力量的形成。

(三)落实教学理念

如果没有教学理念的变革,课程建设就不可能发生实质性变化。所谓教学理念,就是要以素质教育为主,强调基本素质、基本知识、基本能力、基本技能并重;要通过精品课程的建设和教学,使学生提高基本素质、夯实基本知识、培养基本能力、提高基本技能。在具体做法上,各个学科课程可以根据自己的特点,将教学理念落实在课程教学中,即采用与教学理念相适应的教材形式、授课方式、讨论形式、作业类型、实践训练和考核方式,建立"以学生为主体、以教师为指导"的基于探索和研究的教学模式,挖掘每个学生的潜能,发挥他们的特长,鼓励并引导他们的好奇心、求知欲、想象力、创新欲望和探索精神。

(四)建立相应的管理机制

精品课程建设是一项系统工程,其中涉及大量管理问题。需要相应建立起一套有效的精品课程建设管理机制。

精品课程建设需要加强监督、检查和指导。学校与项目负责人要签订协议,明确课程建设的具体要求,并据此进行检查和督促;此外,还要组织教学督导组成员对项目、授课及教材使用进行跟踪;定期召开"精品课程建设研讨会"和"中期考核",通过不断验收和检查来保证课程质量。

第二节　精品课程录播教室的建设

随着改革开放和经济的快速发展，国家对学校的基础建设投入了大量的人力、物力、财力，学校信息化得到了迅猛的发展。然而目前很多校园网通常只支持一些简单的网络查询和点播功能，校园网的资源库也非常有限。校园网的价值如何体现成为许多院校领导关注的焦点。同时社会的发展对高级人才的需求日益迫切，这种需求给中国的高等教育的发展提出了更高的要求。如何才能充分利用学校最有价值的资源来培养出适应时代需要的复合型人才呢？对学校而言，教师面授过程是学校教学资源中最有价值的，是创造性的，是知识传授过程中最生动、最快捷、最有效的方式。然而优秀的教师资源毕竟是有限的，相对于教育发展的广泛需求而言，资源紧缺的程度显而易见，而我们大投入下建设起来的校园网上却很少有或者几乎没有学校最有价值的资源。

与此同时，教育部明确地提出了，在全国高校中用五年的时间，建设1500门精品课程的建设计划。同时提出了课程建设的内容要求，并明确要求内容中要包含不低于30%的教学现场录像资料。

为了完成这些任务，高校应该计划建设1个多媒体教室，希望在该多媒体教室进行的教学活动能现场录制，并能够在其他教室接收正在直播的教室的场景：包含教师的视音频、学生的视音频以及教师计算机屏幕上的课件和所有操作。同时，需要将现场教学场景进行录制，并上传到资源服务器以供点播。

一、精品课程录播教室的基本要求

为了满足高校的精品课程建设的需求，精品课程录播教室建议采用精品课程录播与资源管理系统，该系统充分考虑国内外众多高校、教育机构和培训机构对多媒体教室课件录播的需求，能够很好地完成多媒体课件录播的要求。本系统涉及两个产品：智能录播系统和课件资源管理系统。

精品课程录播教室总体设计思想是改造学校现有多媒体教室硬件设备并通过该系统方便地完成以上任务。这套方案的特点是：经济效益高，操作简单，易于扩展和实施，系统稳定可靠。

整个精品课程录播教室系统应达到以下具体要求：

实现教室的实时录制,支持各种类型的多媒体课件的录制,并支持实时授课的直播。

建设视频课件录制、编辑、管理和点播系统,与远程授课同步录制对应视频课程,经编辑、整理后存放到教学资源中心,向学生提供视频点播服务。

本项目应考虑将来建设发展的需要,要有一定的灵活性和扩展能力,以便于兼容将来高清设备的扩展。

本着先进、可靠的原则,选择软件产品和硬件设备,力求做到成本低、效益高、技术先进。配套设备的性能和技术要求应协调一致,所用软件产品和硬件设备应符合国家标准和行业规范。考虑降低成本的同时,并考虑建设和技术的发展,要有一定的灵活性和扩展能力,在相当长的时间内保持设备、系统具有一定的先进性。

二、精品课程录播教室的建设内容

(一)多媒体教室

多媒体教室是课堂教学的现场,我们将布置多个音视频采集设备分别采集教师和学生的教学场景,多媒体录播教室可以实现独立的教学过程的实况录制和直播,也可以通过网络采集教师笔记本的VGA信号,完成多媒体课件的录播,多媒体录播教室需要实现以下功能:

视频采集部分:由2~4台摄像机和云台组成,用以拍摄教师活动和教室学生的场景。

声音采集部分:用于采集教师主播和现场声音,如学生的提问和回答等。

全自动录制:必须能实现老师自动跟踪和学生定位跟踪功能,老师自动跟踪系统要实现全教室的跟踪,学生定位跟踪系统要实现特写功能。

控制部分:可以实现对各路视音频的调节和监控,并可选择输出。包括调音台、云台控制器、摄像机镜头控制器、监视器、视频切换器等。

录播便携机:录播便携机既要负责教案的播放和教学素材的演示,又要采集音视频信号及教师屏幕。容许授课教师自带笔记本,通过便携式移动录播机进行多媒体课件的录制和直播。录播便携机配置一块VGA采集卡用于采集教师主机或外带笔记本的桌面内容,并配置一块4路的音视频采集卡,实现同时4路教师和学生视频信号的采集。

（二）中心服务器机房

为了支持大用户量并发进行网络教学，我们建议在学校中心控制室配置一台服务器，用于教学的资源的管理和实时直播，主要负责用户管理、课程管理，并为学生提供非实时在线点播服务。另外，系统需要配置大容量硬盘，存放录制好的多媒体课件。

三、智能录播系统的建设

智能录播系统是一套多媒体教学系统，主要包含直播、录制、监视等功能。该系统采用先进的流媒体技术，完全适应各种方式的远程教学、培训。系列软件适用于各种类型的网络。

该系统可以利用普通的 PC 机、视频采集设备和麦克风实现多媒体教室的独立课程的录制与直播功能，也能够通过便携式录播一体机，配合 VGA 采集卡、多路音视频采集卡实现更为灵活的多媒体课件录播功能。采用该系统用户无须投入高昂的成本，就能够实现高质量、高可靠性的音视频，教师屏幕等多媒体协同录播功能，有效地节约时间和经费。

系统支持多种样式的课件录制方式，选用不同的导播策略可以对不同的教学场景进行优化，充分表现教学的情景，为学员提供多种样式的课件表现方式，增强学员的学习积极性。生成的课件既完整地保留了课堂教学的情景便于后期剪辑，同时又以最佳的导播效果表现课堂教学的情景，再现教学的真实情景与教学氛围，使学生身临其境。

系统采用微软 WMV 格式保存教学的情景，并支持单画面合成模式和多视频流导播模式，如果采用单画面模式可以将教师的屏幕、视频和学生视频合成在一个视频文件中，录制过程中可以通过策略改变布局，客户端无须安装任何插件即可通过各种播放器播放；而采用多视频流导播模式将多个视频流独立保存在文件中，录制和播放时都可以改变播放布局，以最佳的表现方式展现给用户。

系统主要功能：

1. 课堂教学实时直播

系统支持在课件录制的同时进行实时直播，客户端能够完整再现课堂教学的情景，接收点的数批仅受到网络带宽和服务器性能的限制。

2. 教师和学生视频的自动跟踪

系统支持实现老师自动跟踪和学生定位跟踪功能，老师自动跟踪系统要实现全教室的跟踪，学生定位跟踪系统可实现特写功能。通过摄像头的智能跟踪，录播系统能够在教师和工作人员无须干预的情况下自动定位和跟踪,实现自动录播的功能。

3. 教师屏幕实时采集

系统支持多种方式采集教师的计算机桌面,为教师的讲稿录制提供灵活的采集方式。

本机录屏模式:教师将教学讲稿复制到录播机,并直接通过录播机进行教学,系统能够将计算机屏幕内容,包括鼠标运动轨迹、电子白板内容等完全录制下来,并只需要占用很少 CPU 资源,不影响其他程序的运行。

软件录屏模式:在教室主机(教师机)安装控制软件(插件),教室主机与控制室的录制机通过网络连接进行录制。

VGA 卡录屏模式:通过 VGA 卡直接录制教师计算机的屏幕操作,该方式无须在教师计算机上安装任何软件即可进行录制。系统选配了高效的自适应 VGA 采集卡,能够支持 VGA 视频采集,并且还能通过原始比例(如 1280×800、1440×900)采集各种宽屏笔记本的信号。

4. 支持多种录制格式

系统支持多种录播模式,满足学校对多媒体课件录制的各种要求,系统支持多分屏 Web 课件、单画面视频课件和多分屏智能多画面课件三种录制格式:

多分屏 Web 课件:该模式课件采用支持传统的 Web 课件表现模式,通过录制成多个标准视频文件,并可以选择各种播放模板进行同步播放。

单画面视频课件:该模式课件采用高分辨率的标准 WMV 视频格式保存教学情景,通过各种布局策略表现多个视频和屏幕的内容。

智能多画面课件:该格式采用独立流方式保存教师讲稿、教师和学生视音频内容,同时将课堂教学过程中的导播动作也记录到课件中。该课件格式既完整地保留了课堂教学的情景便于后期剪辑,同时又以最佳的导播效果表现课堂教学的情景,课件的表现方式支持视频特写、画中画、分屏等多种模式。该模式课件完整地保留了课件的原始内容,通过一个文件进行保存,能够提供非常灵活的播放方式,又便于管理。

5. 支持软件导播

系统支持将各种视频采集设备(包括视频采集卡、1394/DV 设备、VGA 采集卡和各种 USB 摄像头)作为视频采集源,并实时对多个视频进行视频切换和合成操作,定义版权标识、字幕和各种透明背景图片。

系统支持教师视频在蓝色或绿色背景幕布与教师讲稿进行实时合成,教师可以浮动在讲稿上进行授课,实现虚拟演播室的功能。

6. 课件支持生成高清视频格式

智能单画面课件支持生成 4∶3 和 16∶9 两种比例的视频格式,能够生成符合计算机播放的 1024×768 格式的视频,也能够生成符合高清电视播放的 720P 格式的视频,生成的 720P 高清视频格式可以直接在高清播放机上播放。

7. 通用播放器,方便学习点播

录制好的课件可以采用通用的播放器直接播放,无须安装任何插件,发布到网站后,可以直接通过 Internet Explorer 浏览器点播课件。

8. 录制过程安全可靠

为防止在录制过程中出现各种意外情况,避免出现返工的情况,系统录制过程采取边录制边保存的方式,当出现断电和断网的情况也不会丢失多媒体课件数据。

(三) 系统特点介绍

支持分布式 Web 管理和发布,用户可以轻松通过 Web 页面进行管理;录播系统与资源管理系统使用统一的管理平台,统一的身份认证;适应各种网络环境,支持防火墙和 NAT,无须更改网络配置,就可以将系统部署到现有的网络环境中;录制课件各种教学要素,如视频、音频、动态屏幕和活动鼠标等的同步时差小于 0.3 秒,教学情景的再现效果好;支持直播和录制分别采用不同的质量进行编码,以适应高质量的录制和低质量的直播同时进行;支持多路 VFW/WDM 视频采集:兼用市场主流的视频捕获卡、电视卡、USB 摄像头等视频输入设备:支持多路 1394/DV 视频采集,支持市场上主流的数码摄像机的输入设备,能够采集高清晰的数字图像;支持采集屏幕内播放的视频内容:能够捕获当前屏幕内播放的视频画面的采集,并能够捕获多个视频画面;支持 VGA 采集卡采集教师自带笔记本的桌面,最大支持 1600×1200 原始信号的采集,并支持各种宽屏笔记本原始分辨率的采集,如:1280×800、1440×900 等分辨率;支持同时 4 路视频(720×576)视频和 1 路 VGA(1024×768)的同时采集,画面平滑不出现拉丝现象;支持 Web 嵌入,可在 Web 页面中播放文件和接收直播,界面简洁大方,能够满足个性化的界面需要,操作简洁,功能齐全。

四、资源管理系统

资源管理系统采用先进的 ASPNET 以及 VC++ 技术开发,B/S 架构,安装方便、易于部署。在本项目中采用此软件,作为一个项目系统的门户,流媒体文件的存储与点播。用户可以登陆本平台进行相关的功能操作。

系统可以管理智能录播系统录制形成的课件以及各种其他资源媒体。允许通过在线点播网放授课系统录制下来的整个授课过程，并配以辅助的用户管理、权限管理、目录管理、口志管理、检索等强大的功能，让拥有权限的人随时随地查阅已有的授课情景及其他资料。

资源管理系统不仅可以点播实时授课录制的课件，也可以点播基于 HTTP 的媒体，例如：Word 文档，PowerPoint 演示稿等教学资源。支持点播基于微软媒体服务器和 Real 服务器的流式媒体。

（一）系统功能和特点

1. 服务器支持多个磁盘存储扩展

资源存储扩充方式，不再受到单个磁盘分区的大小限制。在系统使用过程中，用户可以动态扩展磁盘设备满足课件资源的不断增加。

2. Windows.Real 媒体等其他通用媒体的流式点播

完全采用自主研发的流式媒体服务器，同时也支持与 Windows Media Server 和 Real Server 的集成，节省再次部署的费用。

3. Word、PowerPoint 等文档的点播

这些文档类型的媒体点播不同于流式媒体的点播，它是采用智能选择客户端播放方式来确定采用何种软件打开。

支持网页类型，包括其多种资源的课件上传和点播 Web 课件基本上是由众多的图片、样式、HTML 网页等元素组成，存放在一个目录中，在该目录下还有可能区分很多专属子文件夹来分门别类地存放图片、样式等文件。在我们管理系统只需指定一个目录，就可以将包括子目录在内的所有文件一起上传到服务器中。

4. 网络线路智能判断

如果系统定制了多种网络线路，那么在点播时，系统根据设定的网络线路 IP 地址表智能判断用户的线路，将首选的点播地址放在点播列表的前面。

5. 基本用户管理

可以新建用户，更新用户属性，删除选择的用户。通过关键字和用户状态的组合查询更快定位到需要操作的用户。

6. 限制登录

通过会话数限制同一个用户名同一时刻使用的次数。通过多种方式限定用户登录的 IP 地址，包括单一地址、一组地址、地址范围等。

7. 私有空间

可以为用户设置是否拥有私有空间,分配私有空间的大小,是否需要共享审核。用户可以在自己的私有空间中自由创建节目,也可以共享自己的节目到点播系统,如果设置了共享审核,那么只有被管理员审核通过的才可以出现在点播系统中。

8. 公告管理

管理员可以自由发布系统公告,系统公告可以设定开始日期和结束日期,如果设置了开始日期公告只有到了指定日期才会显示,如果设置了结束日期,公告到指定的日期就不会再显示了。还可以通过推荐选项将公告发布到门户的公告栏中。

同时普通用户在首页上可以看到最新公告的列表,以及所有有效公告的列表。管理员可以通过公告管理发布一些通知,公告等信息。

9. 首页管理

通过首页管理,调整热点推荐和分类排行等信息。热点推荐中最多可以推荐4个节目。分类排行最多可以支持10个分类,如果不选择,则自动获得第一层目录作为分类。

10. 搜索

无论是普通用户还是管理用户都提供了搜索功能。这些搜索能够快速简单让您找到相关的内容。也提供相关的高级搜索。

11. 评论和收藏

可以对每个点播节目进行评论。可以整体查看某个节点的所有评论列表,可以对每个评论主题进行回复跟帖,普通用户可以编辑自己已经发表的评论,管理员可以删除评论。

普通用户可以收藏喜欢的点播节目,并对其进行管理。将自己喜欢的节目收藏起来,再次欣赏时不需要一层一层目录操作或输入关键字搜索了。只要登录就可以看到收藏夹,进入收藏夹就可以看到你的收藏。

12. 门户

系统首页提供有网站公告、最新点播、工具下载、热点推荐栏目,以及各种各样的点播排行(包括总排行、月排行、周排行)。这些信息的提供使得整个系统内容更丰富,更趋向于点播门户。

13. 统一权限设置

方便灵活、全面有效的多项管理权限分配,可以让更多的管理员来分担繁重的管理事务。节目点播权限分配更为灵活多变,既可以使用简单的权限,也可以定义十分独特的权限模型。点播根据目录结构可以自动继承父系的权限,又可以单独设置权限。

五、教师锁定跟踪系统

锁定跟踪系统是集光、机、电、图像、声音于一体的智能化产品。由目标跟踪球形摄像机、无线麦克风、无线音频接收机、固定式传感器组成。

目标跟踪球形摄像机能够自动跟踪特定目标,跟踪过程不受外界干扰,采用先进的位置传感和伺服控制技术,摄像机云台运动非常平稳,不会出现剧烈地灵动,能够将目标牢牢锁定在图像的中央。无线麦克风采用双重抗干扰电路和专业级拾音头,信噪比大于80dB,高质保真,完全满足现场录音和扩音需要。被跟踪的目标除佩戴无线麦克风外,无须佩戴任何传感器,使用非常方便。

(一)系统功能特性

自动锁定跟踪目标,跟踪过程不受其他运动目标和环境光源影响;跟踪过程非常平稳,视频无明显晃动;摄像机具有背光补偿功能,在强光背景环境中可以看清整个画面;采用RS-485总线控制,兼容多种控制协议,波特率可调;专业级无线语音传输,保真度出色;采用人性设计,无须佩戴特殊传感器,使用非常方便;多种安装方式可根据不同环境进行选择。

(二)系统组成

目标跟踪球形摄像机:可以自动搜索视场内的运动目标,自动锁定目标进行跟踪,得到目标的清晰视频图像。

固定式传感器:固定式传感器作为辅助感应设备用于在目标背对摄像机时传感所在位置,如教师面向黑板写板书等,便于摄像机进行准确的目标锁定跟踪。

无线麦克风:无线麦克风用于发送语音以及在目标面向摄像机时传感所

在位置,如教师面向学生讲课等,便于摄像机进行准确的目标锁定跟踪。

无线音频接收机:无线音频接收机用于接收麦克风的语音信号,并可控制麦克风的音量。

第三节 多媒体综合教室的建设

一、多媒体综合教室的建设需求

（一）用户需求

多媒体教室建设需求不断发展，出现许多新特点，催生出新一代的多媒体教室专用设备。

集控功能要求越来越高；多媒体教室的核心应用是高档 PC 机；数字视音频直播功能、数字监控功能、IP 电话功能、VOD/AOD/COD 等多媒体教学功能成为常规需求；主讲—听课模式的多教室联网授课形成新的主流应用；设备多样化和功能复杂化催生一体化设备；贵重设备增多，安防报警功能新需求。

多媒体网络中控是衍生于新一代的多媒体教室建设需求的高度集成化、一体化设备。多媒体网络中控为多媒体教室建设提供了全面、完整的功能模块，如："网络中控模块""数字视音频直播模块""多媒体教学模块""数字化监控模块""安防报警模块"等。多媒体网络中控可通过增加本地硬盘实现 PC 功能或通过增加网络操作系统分发软件实现 NC 功能，替代或作为教师机的备份完美解决多媒体教室最核心的功能—教学应用。依托校园网，将多个多媒体教室组网，形成一个完整的"网络多媒体教室系统"。可实现设备集中管理、控制和诸多联网应用功能，极大地提升了系统整体功能和效益。

（二）物理建设需求

1. 教室的建设

网络中的任何一个多媒体教室都可以成为主讲教室。主讲教室可以实现教学信息广播功能。主讲多媒体教室的教学 AV 信号通过中央控制室的调度能实时地传送给其他多媒体教室，实现视频点播、智能组播。主讲多媒体教室的教学 AV 信号可通过实时压缩、存储于视音频点播服务器，以供课件制作和教学资源。实现每个主讲教室的计算机、视频、音频信号和教师的讲课声音和图像能同时传播到每个听课教室，保证在网络出现故障时还能继续上大课。

2. 控制室的建设

建设 1 个中央总控制室，川作多媒体教室的统一控制管理，多个副控制室（管理、安防、督导）。所有多功能教室的操作台、教学设备均可通过 IP 网络由中央控制室远端控制，同时也具备本地控制功能，必要时远程帮助教师操作多媒体教学设备。

（三）功能建设需求

1. 中央集中控制

所有多功能教室的操作台、教学设备均可通过 IP 网络由中央控制室远端控制，同时也具备本地控制功能。中央控制室可实时监看所有多媒体教室设备的情况，以便于在系统出现故障时，使用者与管理控制者之间的沟通。

可对各直播教室教师的教学过程进行控制；可对各教室的多媒体教学设备进行远程控制；可对各教室的多媒体讲台进行远程开关；可对所有输入的音视频信号进行实时的模拟和数字的处理，满足广播／直播的需要；可对各种多媒体信号进行存储和后期制作；日常的管理和设备维护；可与各教室对讲，必要时可进行远端教学支持；可向各教室进行多媒体教学广播；远程教学系统分路显示、集中管理、任意切换；远程教室之间可以进行双向视频传输。

2. 开放式的多媒体教室的建设

教室内装配合钢结构的电子讲台、防尘防盗投影机吊箱，使教室的各种设备得到保护，防止设备被盗或人为破坏。同时设备的使用方便，多媒体网络中控作为中央控制设备的操作极其简单，实现了"开门即用，关门即走"，设备顺序通断电，避免了冲击电流对设备电源系统造成的损坏。操作人员只需将电子讲台的盖门打开，控制系统能自动按照系统开启步喉自动将投影机打开、电动屏幕降下等操作，教师可直接进行教学；下课时，老师不再担心操作失误损坏设备，只需关上电子讲台盖门后即可离开教室，也不用因需要等待投影机冷却散热而耽误时间，这一切均由网络中控系统自动完成。

3. 视频直播

在中央控制室调度下，通过授权实现主讲多媒体教室与其他多媒体教室教学实况的广播／组播，完成教学串讲。在保证教学质量的前提下有效地扩大教学规模，实现教学资源共享。同时通过中央控制室的授权可以把视频／电视、音频信号，经过编码器数字化以后，直播到任何教室的多媒体网络中控。可以规定不同组的多媒体网络中控分别接收不同的直播内容，或者部分接收直播，另外的部分不接收，并实现定向、定时自动播放，从而灵活实现智能视频直播功能。

4. 教学资源的存储、点播功能

实现对主讲（直播）教室的视音频信号进行实时采集和压缩处理，并形成可供网络传输的流媒体数据进行存储和直播。

5. 控制室与教室之间的通讯功能

系统通过 IP 电话系统实现中央控制室与多媒体教室、多媒体教室与多媒体教室之间的实时对讲，以方便维护和管理。

二、多媒体硬件建设

多媒体教学现已是现代教学中不可缺少的一种教学方法，多媒体教学模式是以计算机技术为核心的教学模式，其最大的特点是能用课件在计算机上展示逼真的空间形体，以直观的形式表现出来，激发形象思维，取得良好的教学效果。因此，各地高校都投入了大量资金来建设多媒体教室。由于对多媒体系统配置认识的不足和经销商的片面推销，使多媒体系统配置一味地追求时尚、高档，造成大鼠资源浪费。针对多媒体使用情况，本着高校的经济、适用的原则，应设计出适用型多媒体系统硬件配置方案。

多媒体系统的硬件组成有高、中、低档各种不同配置。比较完美的配置应具有完备的输入输出设备（摄、录像机、彩电图像扫描仪、彩色视频拷贝机、彩色打印机等）、展台、多媒体卡、大容量外存储设备和高速、大容量内存的计算机。这样组成的系统必定是功能齐全，但这样的配置价格也非常高昂，在各个不同地区，要求各高校拿出大量资金搞一流的多媒体技术应用是不现实的。针对高校的实际情况，应该选用投入少、效益大、绩效高的多媒体硬件配置。

根据多媒体教室硬件的使用频率来看，在日常教学当中，常用功能基本包括播放课件、光盘播放、网络连接、软件操作教学，而其他功能很少用或根本用不到。使很多硬件资源白白浪费，成为一种摆设。在保证多媒体设备正常使用功能的前提下，使设备投资少，操作简单，设备维护方便，对于经济条件一般的高校，采用以下的多媒体教室配置，实际使用效果很好。

可代替 DVD 播放机。投影机的选择，现在投影机的功能相差无几，但它们有一个共同要求，就是在工作完毕后，关闭投影灯后，要求延迟 2~3 分钟关闭电源，以降低机内高温，保护投影机。然而在很多情况下，教师不太注意这一步骤，讲完课即关闭所有电源，这对投影机的使用寿命很不利。所以在选用投影仪时，选用有自动延迟保护功能的，即在正常工作时，电源对一电路充电，在电源关闭后，这一充电电路能向机内风扇提供一个临时电源,使风扇继续工作 1~3 分钟,达到保护作用,比如爱普生 830 型机。

三、多媒体中央控制系统的建设

随着多媒体电化教学、网络教学、远程教学等已在全国各地悄然兴起,各式各样的先进设备操作越来越复杂,使用户在使用时感到相当不便。多媒体中央控制系统利用计算机及微电脑技术对多媒体教室、会议室、多功能厅等功能教室中的各种设备进行集中控制、管理,以简单明了的按键方式提供给用户使用,将复杂的控制转化为简单的按键操作,真正实现"所见即所控"。

随着校园网络和多媒体教室的快速普及,多媒体网络教学系统正日益成为现代化校园的基础设施,它将综合集成传输包括教室、办公室、会议室等的语音、图像信号,对电脑设备、影音设备、演播设备、监控设备、环境设备进行集中及远程控制。

具有多媒体中央控制系统的电教室或报告厅不仅仅是一个智能化的电教室,多个电教室更可组成一个网络控制的教学系统。系统主要由多媒体教室、中央控制室等组成。

(一)系统结构

多媒体中央控制系统分为本地采用桌面控制器、遥控器、键盘鼠标等操作设备以及多媒体网络中控,本地教师通过控制所有控制设备从而控制多媒体网络中控内置的中央控制器,最终实现对连接在其上面的多媒体设备的控制——本地控制以及远程基于校园网实现的网管人员通过操作网管软件实现的对教室端多媒体教室内置的中央控制器,从而实现对中央控制器外联多媒体设备的控制——远程控制,最终实现对所有多媒体教室的集中控制、远程状态监测、远程协助、远程接管等管理功能。

多媒体中央控制系统由中央控制主机(多媒体网络中控)、控制面板、遥控发射模块等组成。各部分之间用通信电缆相连,构成一个控制系统。其中鼠标/键盘、控制面板和遥控发射模块是本地指令发送中心,中央控制主机则是指令接收和执行机构。教师通过操作鼠标/键盘、桌面控制器、遥控器控制中央控制器(多媒体网络中控)从而实现对连接于其上的多媒体外设的控制,真正地实现"所见即所控"。

采用最先进的网络技术,配合控制室端管理平台,运用 TCP/IP 协议实现网络控制。该方法采用广泛应用的成熟的互联网,从而使系统控制实现与网络的紧密连接,实现了系统控制的灵活性和多样性。

网管平台是网络控制指令的发起者,网管平台发出的指令封装成标准TCP/IP协议包,通过校园网传送到相应控制节点(教室端的中央控制器),从而控制连接到中央控制器的多媒体外设。系统基于校园网,没有位置的概念,只要能连上校园网后即可实现控制。控制节点收到TCP/IP协议控制的指令后,中央控制器执行相关的指令控制相应的设备完成控制。通过该控制软件可实现远程唤醒多媒体网络中控、远程控制投影机和影音设备等。通过网络管理平台真正实现"远在千里,控在指间"。

(二)系统建设

1. 控制室主要设备——网管平台

根据高校的实际应用需求,结合实践经验,为高校提供了一套贯穿整个多媒体教室教学全过程的软件平台。这其中包括"网络操作系统分发平台""系统网管平台""资源点播服务软件平台""数字监控平台""双视频流(示范教学软件平台)""远程教学/发布软件平台"。这些软件分别安装在不同的物理位置,分别为不同的应用目的完成不同的功能,同时他们又是互相联系、相辅相成、共同组合起来,紧紧围绕教学工作这个主要目标,实现计算网络教学应用。各个软件平台通过计算机网络物理上连接到一起,并通过TCP/IP通信协议、标准格式的多媒体流以及相互之间的控制信息,形成一个有机的整体。

网络管理平台是系统的控制和管理中心,用来维护所有的教室终端设备—多媒体网络中控,对终端设备进行各种相关的设置,例如IP地址、网关、监控码率、地址端口等等。同时,通过网管平台,网络管理员能够监测任一个终端的状态,启动或停止对某个指定课室的监控,集中管理指定课室的电源开关、电视、音箱、灯光、投影、窗帘、幕布,控制主控室的编码器、数字解码器、视音频矩阵、节目源控制器,对班级进行授权,分组对班级进行实时视音频或文件的直播,以多画面的方式监捽各个课室,等等。应该说,网络中控的核心就体现在这里。

此外,对直播的控制、操作的授权,以及定时直播、开关机、电子打铃等等是在网管工作站上实现的。

总而言之,系统网管软件主要实现以下的管理:对于虚拟扇区服务的管理;对于教室端设备的管理;对于班级权限的管理;对于主控室端设备的管理;以及定时直播、电子打铃等针对教学的个性化功能。

网管工作站包含以下一组管理软件:VSA管理软件,用于配置和管理VSS服务器的虚拟扇区服务;终端状态监测软件,用于监测各个终端的状态,远程控制器开机、关机、复位、控制教室的投影机、电视机等设备、设置监控参数、配置数字视音频解码器等；主控设备控制软件，该软件用于对主控室的录像机、VCD、DVD等设备进行控制，以及对终端用户的操作进行授权、视频音频直播等；编码器控制软件用于监测和控制视音频编码器。

2. 多媒体教室主要设备——多媒体网络中控器

多媒体网络中控是一款面向数字化、网络化多媒体教学应用，集网络中控、视音频直播/点播/画中画网络教学、设备远程网络管理、PC/NC 等功能于一体多媒体教学专业设备。它不仅实现了基于网络对教室端教学设备的远程监控与管理维护，更实现了网络多媒体、数字多媒体以及传统多媒体技术与教育教学应用的全面整合，全面实践了"效率最大化、维护开销最小化、综合性价比最优化"的产品设计理念，使现代教育条件下数字化多媒体教室建设必备的核心设备。

四、多媒体教学系统的建设

多媒体教学系统是新一代的教学系统。它集计算机多媒体教学、多媒体播控系统、计算机网络为一体，将高科技和教学、管理有机地结合在一起，是提高学校教学水平、改善学校教学质量和管理的重要手段，并可大大地提高学生的学习兴趣和学习效率。

多媒体教学系统是将计算机及网络技术应用到教学领域形成的，将图像、声音、文字、动画等媒体融合起来，为学生提供丰富生动的教学素材，达到寓教于乐效果的新型教室。

目前高校的多媒体教学系统核心设备——教师机一般采用 PC 机作为教师机，播放教师授课所应用的图像、声音、文字、动画等教学素材，辅助教师授课，从而提高教学质量，同时，教室端多媒体网络中控基于标准 PC 架构，提供扩展能力，可与主控制室网络操作系统分发软件相结合实现网络计算机功能或通过增加本地硬盘实现本地计算机功能，作为教师机的备份或替代。

（一）系统结构

教室端的终端设备（教师机或多媒体网络中控）要实现对资源的点播首先应保证资源的建设、资源的点播的实现，利用"我的课堂"进行多媒体教学，同时系统利用JYD多画面课堂实时录播系统，可实现对教室端多视频流同步合成的直播、点播、精品课件制作等功能。

1. 资源的建设

系统配置的资源点播平台包含基于 B/S 结构的资源管理平台,为教师资源的上传提供基于 B/S 结构的开放式管理平台,全面支持基于内部园区网或广域网终端对课件库资源的授权访问、浏览查询与下载导出应用。

教师可以方便地在办公室、家等,通过 IE 浏览器连接到资源服务器,根据其对资源库的权限,浏览公共资源库,或上传素材、建立分类、创建自己的私有资源库、给每节课的内容编制"我的课堂",并管理其私有资源库。

2. 教室端对资源的点播

教室端对资源的点播分为两种:对主控设备资源的点播,对视音频、课件等资源文件的点播(多媒体网络中控或教师机),进行多媒体教学。

教室端对主控设备资源的点播,主控设备分为两大类:一类是视频设备,一类是音频设备。视频设备如录像机、DVD 等等是通过视频编码器编码以后再传输的,音频设备如卡座、CD 机等等是通过音频编码器编码以后再传输的,这个过程对用户是透明,网管在主控室设置和授权完成以后,用户只需要选

择这些设备就可以进入接收状态;进入视音频直播的点播接收状态以后,只有被授权的教室工作站可以完成对这些设备的播放、暂停、停止等操作,其他未授权教室只能完成视音频流的实时接收。

教室端对资源点播服务器的视音频文件、课件资源的点播:教室端的终端—多媒体网络中控可实现对资源服务器存储的任意格式视音频文件、课件的任意点播,由校园网传输到教室端,进行播放。

利用"我的课堂"进行教学:虽然在校园网上有大量丰富的共享资源和教学素材,但专业教师在紧张的授课过程中,通常并不希望把大量的精力和时间花费在从浩如烟海的资源堆中搜索素材。如果针对每个教师和每堂课,制作"我的课堂",设计出独特的现场操作菜单,此菜单中仅仅直接连接与本堂课相关的内容,保证教师上课时可以一键点出所需要的素材。

(二)系统建设

教学平台的服务端——资源管理平台主要提供资源的上传、下载、存储,资源的点播服务以及对资源的管理,教室端通过其核心设备—多媒体网络中控,实现多媒体教学。

采用的是 B/S 结构资源管理。B/S 结构采用星形拓扑结构建立校园内部通信网

络或利用Internet虚拟专网(VPN)。前者的特点是安全、快捷、准确。后者则具有无投资、跨地域广的优点。学校内部通过防火墙接入Internet。

系统符合估计源数据库标准,兼容视音频、多媒体等任何格式的文件。基于Web方式,符合城域网技术规范,具有完全开放性与扩充性。用户可以基于Web方式,对网络服务器上的课件资源进行浏览、上传或下载等操作。同时支持公用资源库和私有资源库两种模式,既方便了网络共享素材资源的交流,也保证了教师课件与教案的版权。课件资源库的操作界面采用仿Windows浏览器的设计风格,用户无须学习即可使用。平台还提供属性查看、预览等功能,使课件资源的浏览与使用更加轻松自如。提供多种条件的检索功能,便捷迅速地资源搜索可以大大减少教师的工作量。

五、扩声系统的建设

多媒体教室是进行多媒体教学、报告等的场所;多功能厅以及多媒体报告厅还要承揽重要会议、娱乐等功能。扩声系统的设计要充分考虑本身的实际使用功能,既要有自己的特色,又要符合科学规律和先进的系统设计思想,按照扩声为主、建声为辅的原则,电声系统设计要与多功能演播室建筑声学设计紧密配合,使电声与建声完美结合,保证声音良好还原和再现,满足实际使用需要。本多功能演播室的扩声系统部分设计思想、手段和方法要具有先进性和实用性,设备要采用技术含量高、能够体现当前最新科技水平的产品,扩声系统的声学特性指标符合中华人民共和国广播电影电视部标准《厅堂扩声系统声学特性指标》(GYJ25-86)。

(一)扩声设计

为了满足会议、报告、教学等功能的需求,所以也必须设计采用与传统相结合的控制系统。

扩声的目的。在大多数情况下,音响系统接收到的是微弱信号(例如:与会者发言),要把信号放大了才能被观众听到,当配置音响系统时,音响工程师应对以下几个重要目的特别注意:对整个观众席声音的均匀分布,对所有座位有均匀的响度,以及减少"死区";对整个观众区有稳定的系统频率响应和均匀的音色;提高清晰度和可懂度,因此讲话和歌唱的每个词都十分清楚;创造适当的"声场"给音乐有舒适的空间,音响效果得到真实地表现。达到以上目标,将克服以下障碍。

在各种厅堂规模和形状条件下,扬声器摆位要使所有座位都有十分清楚的视线;厅堂和安装结构造成因反射而劣化音色,过分的混响会减低或破坏清晰度,削弱可懂度。

典型的音响系统就使用舞台左通道和舞台右通道系统的主扬声器,放置在舞台两侧的这些扬声器阵列,以还原整个音乐频谱,同时又不影响视线。由于使用两个分开的音源,立体声就有可能实现、创造音乐的"声音舞台"没有问题了,扬声器可以放在与演员同一个物理平面上,声音的定位就更加真实。

立体声依靠左右扬声器之间的最大重叠来实现,沿听众区中心线座位外的任何座位,每个扬声器到听众的传播路径长度是不同的,从两个扬声器阵列发出的共同信号将会发生相位抵消现象,这是因为声音最终到达人耳的时间不同所致。

传统左右通道系统的两个扬声器通常都是按全频带扩声而设计的,对于人声扩声来说,特别的低音重放是没有必要的。

(二)扩声设备的组成

声源设备—指拾音设备、影音信号播放设备(如拾音话筒、CD、MD、DAT、DVD等设备)和数字音频播放设备(如计算机及远程音频系统等)。

调控设备—指对声源设备送出的音频信号等多路的音频信号进行前级的放大和混音输出、音频信号处理的设备,如:调音台、均衡器、反馈抑制器等设备。

放大设备—指对经过调控设备在混音输出、信号处理后的信号进行后级功率放大设备,这里指专业功率放大器。

重放设备——指将经过后级功率放大器放大的音频信号进行电—声转换并释放出来,表现为人耳可懂的音频信号的设备,这里指扬声器。

(三)音箱选型及布置

为使观众厅达到良好的声学特性,既能使观众席上有足够的声压级、良好的语言清晰度,同时又能满足音乐的方向感、空间感、生动感的需要。具有声场均匀、空间方向感强、观众的听觉与视觉一致、直达声强、清晰度好、语言的可懂度高等特点。

六、视频显示及投影系统的建设

(一)投影机的选择

屏幕投影系统设计及应用是涉及投影机性能、屏幕性能、人体工学、光学、土木建筑等多门学科的系统工程诸方面的相辅相成,才能最终获得良好的显示和观看效果。

投影机的选择首先要明确所要显示信源的性质,即其行频是多少,是由显示卡输出的。根据所显示信源的性质,投影机可分为普通视频机、数字机、图形机三类。只显示全电视信号时,如卡拉 OK 厅播放录像带,可选择普通视频机;要显示 VGA 输出的信号。

可用行频 60kHz 以下的数据投影机,选择数字机,为了节约资源,做到恰到好处,则可按实际的投影内容决定购买何种档次的投影机。若所放映的软件是以一般教学及文字处理为主的,则选购分辨率为 640×480(VGA);若要求高一些,则要选择 SVGA(800×600),如 LP260/LP340,(1024×768),如 LP350;当显示高分辨率图形信号时,须选择行频在 60kHz 以上的数字机。

其次,要确认安装方式,投影机安装方式分为桌式正投、吊顶正投、桌式背投、吊顶背投。正投是投影机的观众在一侧,背投是投影机与观众分别在屏幕两端。如果临时使用,可选择桌式正投,这种方法受环境光影响较大,布局凌乱。如固定使用,可选择吊顶方式。如果空间较大,土建时有统筹安排,选择背投方式整体效果最好。如空间较小,可选择背投折射的方法。

第三,要搞清显示环境,如房间大小,照明情况,如房间面积较小,可选液晶投影机。当显示环境面积较大,没有日光照射,照明灯光较暗,相对固定使用,可选择 CRT 投影机。当对环境光要求不高,显示面积特大,显示高分辨率图形信号,可选择 LCD 光阀投影机。不必显示高分辨率图形信号,而追求显示画面的均匀性和色彩的锐利性,可选择 DLP 投影机。

(二)投影幕的选择

投影幕尺寸的选择:要选择最佳的投影幕尺寸主要取决于使川空间的面积和观众座位的多少及位置的安排。首要的原则是选择适合观众的投影幕,而不是选择适合投影机的投影幕,也就是说要把观众的视觉感受放在第一位。

投影幕高度要让每一排的观众都能清楚地看到投影画面的内容。投影幕到第一排座位的距离应大于 2 倍投影幕的高度。投影幕底边离地面距离 1.5m 左右。

投影幕材质的选择:选择的投影幕面料要适合投影机以及教室的尺寸。但是,如果一张投影幕需要供给多部投影机使用时,投影幕面料就应选择适合对投影幕要求较高的那台投影机的需要。例如,当您同时拥有幻灯机和投影机时,因为投影机制光线输出量比幻灯机低,所以应选择那种反射率(增益)参数适合投影机的面料。但由于现在多数投影机的亮度都比较高,所以采用反射率(增益)比玻璃珠幕低的白塑幕反而可获得更好地投影效果。

投影幕材质的不同主要影响幕布的视角、亮度增益以及根据面料不同,其清洁方式不同。

增益：投影幕反射投射光的能力。在投射光角度一定，投射光通量不变的情况下，投影幕某一方向上亮度与理想状态下的亮度之比，叫作该方向上的亮度系数，把其中最大值称为投影幕的增益。通常把无光泽白墙的增益定为1，如果投影幕增益小于1，将削弱投射光；如果投影幕增益大于1，将反射或折射更多的投射光。

视角：投影幕在不同方向上的反射是不同的。在水平方向，离屏幕中心越远，亮度越低；当亮度降到50%时的观看角度，定义为视角。在视角之内观看图像，亮度令人满意；在视角之外观看图像，亮度显得不够。

（三）实物展台的选择

在我们原来所接触的视频展示台产品中，普遍存在图像抖动、闪烁、色彩失真，并且在标准的幅面下出现图像文字模糊不清的现象。究其原因，是因为上述产品从原理上来讲都是视频的产品，分辨率只有480电视线左右，对图像细节及小字的表现能力不足所造成的，并不是展示台产品的聚焦问题。然而随着数字视频展示台的出现，上述问题就迎刃而解了。数字视频展示台的分辨率通常为SVGA（800×600）、XGA（1024×768）>SXGA（1280×960），川电视线来表示通常在600电视线以上，XGA分辨率的数字视频展示台在标准的A4幅面下可以清晰地显示5号字而无须放大，可以在整个幅面下展示全部的内容，而不仅仅是某个局部。

七、语音室的建设

随着现代化科学技术日新月异的飞速发展，教学手段的现代化在现代教育中日益凸现出它的优势，因此建立新型教学模式、搞好语音室建设、建立语言管理网络显得尤为重要。加强语音室建设是检验语言教学质量和培养高素质队伍的需要。语音室作为一个现代化的教学媒体在培养高素质学生的同时也是检验教学质量的重要环节。

为了扩展多媒体语音室的功能，使之既能用于外语、其他课程多媒体示范性教学，又能用于学生主动、操作性教学，功能更加多样性。可以在教师机和学生机上都配置多媒体卡，实现语音和图像的传播。考虑到应川的多样性和教学内容，在选购教师机和学生机时，应选择适当大一些的内存、硬盘，主板、CPU选择主流产品，在今后几年内不会被淘汰，显示器采用低辐射的，以避免长期观看，对眼睛造成损害。声卡与光驱根据需要配置，硬盘要安装保护卡。如果仅为语音教学使用，可以采用业以淘汰下来但尚能使用的计算机，为旧机器寻找一条出路。耳机和话筒应选择灵敏度高的产品，国产耳机的导线较细，容易断线，联体耳机的牢固程度不够，有的学生反方向扭动时，容易旋断，由于这两个原因，使得耳机经常出现问题。专用进口耳机价格虽高，但是导线和机械强度好，不容易出故障。

语音室的语音台设计最好参照传统的语音含，而且要考虑到机箱后面有挡板，否则机箱受学生推动，使得连线接头脱落或松动，以至阻断信号的传输，影响其他同学使用。教师应选用质量好的录音机，以保证声源质量。多媒体语音室的学生和教师计算机应连接成局域网，并能以共享方式通过专线或拨号上网，访问学校内部资源和Internet实现内部网络教学和远程网络教学。

语音室改变了以往的教学手段，提高了教学质量和科技含量，通过声音、图像、网络进行教学，可以适用各种媒体教学，不仅可以上语音课，还可以上计算机类操作性较强的课程，是今后发展的趋势，值得大力普及和大量应用。

八、数字监控系统的建设

数字监控系统通过控制室端的数字监控平台实现对教室端情景的监看实现对教室端贵重设备的远程监控。同时该系统配合双视频流软件实现主讲教室与听课教室的双向视听、真正实现听课教室的无人值守、实现远程双/多视频流听课。这样针对目前各个学校扩招而师资力量相对喷乏的现状，可通过这种远程听课，让更多的学生听到名师的授课，进行示范教学。该系统采用先进的H.264视频压缩技术，具有图像清晰、分辨率高、实时监控、同步备份、事后查询、系统稳定的特点，满足《考场电子化监控技术要求》的技术要求，可以实现本校监考老师的监考，并可通过数字硬盘录像机实现考场的硬盘录像。下面针对本子系统组成进行说明。

（一）系统结构

数字视频监控系统由教室端视频音频信号采集、控制信号采集部分，数字编码部分，传输部分，控制部分，以及显示和记录部分五大块组成。

1.教室端视音频、控制信号采集部分

教室端视音频信号采集部分由摄像套件、拾音器组成；选择高性能的一体化彩色摄像机，完成高精度视音频信号的采集。通过拾音器/话筒和音箱或耳麦，可以实现教室与主控室之间的IP对讲功能，在有意外情况发生时，网管老师无须到教室，通过IP对讲可以实现与教室及时方便的对话。视音频输入信号、音频输入信号，云台镜头控制信号传输给JYD多媒体网络中控。

2. 数字编码部分

JYD 多媒体网络中控可接收来自摄像头的模拟视频信号和来自拾音器的模拟音频信号,将其数字化,利用硬件压缩芯片实时压缩为 H.264 码流,并通过以太网接口发送到网络上。这些码流可由专用软件接收、处理。并且该终端将云台镜头,红外、微波探测器的控制信号进行数字编码。使得教室端的视频、音频信号和控制信号可以在校园网中传输,实现远程数字视频监控。

3. 传输部分

通过 JYD 多媒体网络中控,将视频/音频信号采用 H.264/ITUG.722 编码,控制信号进行数字编码,符合 TCP/IP 协议标准,通过以太网接口发送到网络上,在校园网中传输。

4. 控制部分

通过 JYD 多媒体网络中控内置的云镜解码器模块,选配此模块后,可由终端—多媒体网络中控直接控制云台和镜头。整个系统的控制部分主要监控软件及相应的模块来完成,实现集中控制、集中管理,网管只需要在主控、分控计算机上,就可以完成对教室端视音频信号的监控,从而完成设备监控、校长的教学评估和观摩教学;能够灵活控制石台、镜头,如镜头的伸、缩,台的转动。

5. 显示和记录部分

显示部分可以用电视墙中的普通电视(需要配置数字解码器),同时可以在多台监控主机上实现监控显示,完成学校所有教室视频的监控。并且随时进行硬盘录像,以便作为凭证和示范教学的素材。

(二)系统建设

1. 控制室主要设备—数字监控平台

数字监控平台主要完成对教室的多画面数字监控。

数字监控的程序可以接收终端传送回的视音频码流并显示。可以单画面、4 画面或者 9 画面显示数据,可以监听任一路音频。可对监控的视音频信号进行存储、回放。并可以对相应的云台进行操作。每个画面的地址、组播地址、端口、云台 ID 等都是可以设置的。数字监控提供数据的存储功能,可以设置将某路数据自动保存到硬盘上。文件可以直接用 Windows 系统中的媒体播放器或超级解霸、Power、Win DVD 等 MPEG 播放软件来进行播放。

多媒体教室主要设备—终端编码卡多媒体网络中控配置终端编码卡,配合教室端的视音频采集设备、摄像头套件,实现教室端视音频信号的编码回传。

编码卡备有一路视频输入接口和一路模拟音频接口。接收来自摄像头的模拟视频信号和来自拾音器的模拟音频信号,将其数字化,利用硬件压缩芯片实时压缩为 H.264/G.722 码流,并通过 PCI 接口传送给主机 CPU,经其以太网接口发送到网络上。

根据用户应用需要,可在体育馆、报告厅、教室等任何有校园网信息点的地方,安装带有编码卡的"多媒体教学工作站"。该工作站可以接入 CCD 摄像机,并附有云台、镜头控制器。可以将现场声像编码压缩后,经过校园网传输到指定的教室、办公室等播放收看,实现网上教学评估、网上电视直播、教师自我评估训练、网上电子监考等功能。数字监控主机可将图像实时存储,并可对云台、镜头进行实时控制。

2. 双视频流/示范教学平台

通过双视频流教学平台,可以将教师授课的场景、教师使用的电子教案内容(可以是任意一台联网的 PC 或笔记本)同步传送到网络上,通过接收软件可以同步显示现场图像及电子教案内容,并可将教师授课内容和课件画面进行编辑,将这些内容保存制作成教学评估素材,供大家观摩、评估。

对于双视频流的传输内容,可以是以下四组信号的任意一组:镜头的视频(教室授课的场景)+拾音器的音频(教室上课的声音);计算机的 VGA 输出(教师所讲课件画面)+计算机的音频输出(教师所讲课件声音);实物展台的视频+实物展台的音频;镜头的视频(教室授课的场景)+麦克风(为提高讲课声音和评估音频质量,教师可用麦克来扩音)。

此外,双视频流的接收端,可以是多媒体网络中控,也可以是 PC 机。教室工作站可以通过菜单进入接收状态。在该状态下,会显示被监看的计算机画面和监控的教室画面。教室画面可以有四种大小选择:1/4 屏幕、1/2 屏幕、全屏幕、消失。

3. 控制室扩展软件——远程监控平台

远程监控系统采用 B/S 结构管理平台,在 Internet 上实现对省内任意教室的监考。软件平台分为两个部分,省、市级用户共同使用一个部分,这需要在省、市、区/县设置 Web 服务器;校级用户使用一个部分,需要每个学校都有一台 Web 服务器。

其中省、市级的 B/S 结构管理平台,主要功能是维护省内的区市、学校列表,并且维护监考人员的信息和权限,这里不用考虑每个学校有多少教室,每个教室的 IP 地址是什么(因为学校里的各教室一般都是内部的局域网,对 Internet 访问是没有意义的)。当监考人员需要对某一学校进行监考时,页面会跳转到校级服务器上。

校级的 B/S 结构管理平台负责维护校内的各教室信息,此外,校级的服务器还要安装一个转发程序,把内网的教室监考画面转发到 Internet。为了防止无关人员连接校级服务器进行监考，需要在校级的B/S结构管理平台中添加一个权限验证部分，从省级服务器读取用户信息进行确认。

九、设备防盗系统的建设

教室端贵重设备的防盗系统包含：被动式机械防盗设备——电子讲台防尘防盗投影机吊箱以及智能安防系统（防盗报警系统）等。

教室内装配合钢结构的电子讲台、防尘防盗投影机吊箱，使教室的各种设备得到保护，防止设备被盗或人为破坏。

教室端核心设备—多媒体网络中控可配置"安防报警模块"提供门磁开关、双鉴探测器、暗线保护等多种报警功能。探测器的报警输出接"多媒体教室专用工作站"的安防报警接口，提供对教室端贵重设备的主动防护。

当探测器有报警信号输出（如安装防盗类安全探测装置门磁的门没有关好或被打开）。在探测区内有探测对象出现，或安装了剪断线报警设备的线路被剪断时，"工作站"将报警信号转为数字信号，通过网络传送到主控室或安防监控值班室的监控主机上，在监控报警的图上将显示出报警位置，声光提示值班人员及时采取措施。同时，报警教室端∏J设置声光报警，以阻吓破坏者。

（一）教室端配置—安防报警软件

控制配置的安防报警软件是带教室分布电子地图的专用报警接收处理软件，用于联网报警中心配合教室端报警探测设备实现的报警处理。安防报警软件运行于WindOWS操作系统，用户界面友好，采用多媒体显示，使用方便，自动化功能强，操作简单，同时在控制室端配置闪灯，可以实现对教室端的声光报警。

（二）教室端配置—报警信号采集设备

在每间教室内设置双鉴探测器，对其实现全方位的安保警戒，并且在投影机的后盖门、讲台的上盖门、后柜门、前面维护PC机的小柜门配置门磁。报警信号采用数字方式，传输给多媒体网络中控，由多媒体网络中控通过网络把报警信号传输至控制室，实现对教室内关键设备的保护。

（三）教室端配置——机械防盗设备

采用GB1.5mm厚的宝钢冷轧钢板；柜门由滑轨式推拉和翻盖相结合；边角部位采用圆弧过渡，表面静电喷涂处理，耐磨效果极佳；讲台内所有设备锁闭在柜内，使用者只能对设备进行操作，无法搬动；上盖门采用撞锁，后柜门采用十字锁，小柜门采用暗拔插锁。

（四）电气安全性

时序通断电功能，保护音箱等贵重设备免受瞬间强电流冲击，延长设备使用寿命；投影机延时断电功能，使投影机使用完毕后，得到充分散热，免受非正常断电的威胁，延长灯泡的使用寿命；强电安全处理：设备配有漏电保护开关并接地处理，无漏电现象。

（五）防尘防盗投影机吊箱的安装

采用GB1.2mm厚的宝钢冷轧钢板；边角部位采用圆弧过渡，表面喷塑处理，耐磨效果极佳；投影机进风口处加装有空气滤清器，有效防止灰尘进入箱体内；投影机出风口处加装有强力排风扇，有效提高投影机的散热量；后门采用十字锁，安全防盗；底部有四个调节螺丝，可方便调节投影机镜头位置；吊杆采用内外无缝套管可伸缩结构，方便调节。

第四节 闭路电视系统的建设

闭路电视（Closed Circuit Television，CCTV）是一种图像通信系统。其信号从源点只传给预先安排好的与源点相通的特定电视机。广泛用于高校大量不同类型的监视工作、教育、电视会议等。

目前，电视信号的传送和处理正处于一个由模拟向数字化方向发展的阶段，由于数字方式与模拟方式相比有着不可比拟的优点，所以模拟方式及相应的设备将被淘汰，这是一个不可逆转的趋势。但市场上尚有大量的库存模拟闭路电视器材，这些器材由于数字化发展的影响而价格低廉，应该充分利用这些器材组成模拟CATV系统，并应用于高校的闭路电视系统的建设，实施高校节目传送、视频会议、电视教育等，使即将淘汰的设备发挥其应有的余热。

一、闭路电视的作用

（一）通过闭路电视实现现场直播

在高校的教育教学活动中，有些活动可以通过校园闭路电视系统进行实况转播，如高校的集体授课、开学典礼、结业仪式等。学生可以通过画面和声音等信息直接了解现场的真实情况，极大地降低了学生对学校活动录播后因各种剪辑原因而引发的质疑。同时，除了在第一时间准确地传达信息外，电视现场直播节目还可以增强现场感以及互动性，进而引起学生思想上的"共鸣"和"共识"，调动学生对事件的思考。学生在观看直播时，在了解一定的事件真实进程的情况下，就会假设"置身"于活动现场。

现场直播可以使高校各种教育教学活动不受时间和空间的限制，如有一些心理辅导讲座等可采用直播形式，每个班级抽部分同学做现场观众，其余学生在教室观看节目。这种活动形式新颖，效果好，解决了高校全校学生现场集体观看时看不见、听不清的问题。由于学生对闭路电视的这种教学方式有新奇感，会积极收看和学习，而电视中的主角都是他们熟悉的同学、老师。

因此，高校闭路电视系统改变了以往这些熟悉面孔面对面的形式，以电视屏幕再次展现他们熟悉的身影，对学生来说更具有吸引力，并且其他同学也都想再次上电视。此时可根据学生的学习表现，筛选下批上镜的同学，增强了学生的参与意识。

（二）通过闭路电视推广新课程

高校新课改倡导以发展学生的主体性为宗旨的教学，把"以学生发展为本"作为新课程的基本理念，关注学生的学习兴趣和经验，倡导学生主动参与、乐于研究、勤于动手，使之形成积极主动的学习习惯，并在获得知识和技能的同时学会学习，形成正确的价值观。

在高校应用闭路电视系统教学时，教师首先应该为学生创设参与条件。学生是学习的主体，他们的学习动机是教学过程得以顺利进行的前提。可以让学生尝试操作闭路电视系统控制器，分析讲述播放过程中的画面，拍摄一些学生参与教学活动内容语言课中的配乐朗读、戏剧表演以及理化生课中的演示实验、学生实验等，或者让学生参与制作一些简单的课件等，这都能使学生获得真情实感，激发他们的参与兴趣。其次，教学过程中，教师应起到组织者、指导者、帮助者、促进者的作用，以引导启发学生学习为主，让学生自己去观察、思考、探究、分析、总结，以充分发挥学生的主动性和创新性。同时，教师也要多激励学生，即使学生出错，也要积极地肯定学生其他的良好行为。通过这些措施，学生会感受到探究成功的喜悦，从而会不断地培养和发展自身的学习兴趣。在新课程教育的探索过程中，我们不但要重视教育形式的创新，更要挖掘教育活动过程的隐性价值，要让学生参与到每一个活动的设计、组织中来，发挥广大学生的主体参与意识和热情。在这里，我们的学生不单是高校教育活动的实施对象，更是教师的伙伴和自我教育的导师。

（三）闭路电视在道德教育中的创新应用

高校通过闭路电视系统，让各个历史阶段、各个行业中有代表性的人物进入课堂，走近学生，用精彩的人生和感人的事迹去熏陶并感染学生的心灵。通过"看、评、想"，把榜样的业绩与自己的行为联系起来，使学生把影视形象中的真情实感逐渐化为自觉的实际行动。

此外，高校利用校园闭路电视系统对学生进行思想品德教育、人生观教育和爱国主义教育的优势在于：直观、形象、具体，感染力强，真实、亲切、可信，说服力强，教育效果显著。

（四）利用闭路电视积极建设课堂教学辅助资源

高校积累的优秀教育资源应该在课堂教学中加以应用。高校许多一线教师在教学实践中自制了大量的视频资源，这些资源大部分非常优秀，但多是谁制作、谁保存、谁使用，属于教师的"私有财产"，无法交流和推广，从某种程度上看这是教育资源的浪费。虽然我们对电视系统如何辅助教学尚未形成系统的模式，但由于在实践中坚持不懈地之试，很多课程取得了良好的效果。

此外，在教学应用之后，高校可以科学地挑选出优秀的视频资源作品，也及时推广给其他教师使用，从而实现教学辅助资源的不断补充。调动教师在课程资源建设中的创造性，使学生的知识积累更加丰富、能力更强、素质方面更加成熟，对知识的追求和探索具有更大的积极性和主动性。运用这一系统，优化了高校教学过程，提高高校教学效率和教学效果的功能。

二、闭路电视系统的总体设计

（一）系统总体的结构

高校整个闭路电视系统由卫星电视节目接收系统、本地无线电视节目接收系统、调制与混合系统、放大与分配系统以及用于进行电视会议的摄像系统与拾音系统等构成。

（二）卫星电视节目接收系统

高校卫星电视节目接收系统采用廉价的、质房较好的家用型就可以，因为目前卫星传送的电视节目大多数已经数字化，只要信号强度超过门槛，接收机便可稳定地解码，并输出质量达到 DVD 级的音视频信号，而无须使用价格昂贵的工程机。考虑到目前传送国内免费电视节目最多的卫星是亚洲 3S 号同步卫星，且是 C 波段的最多，我国大部分高校采用 1.5m 天线便可稳定接收，所以卫星天线可用质量较好的中卫或其他品牌的 1.5m 正馈天线，高频头采用 C 波段的双本振多用户型的，以方便同时接收多套节目。若想接收与传送更多的节目，可考虑一锅多星方案或多面天线对准不同串．星的接收方案。

卫星天线做好对星调整并固定后，由高频头降频后的卫星信号，经功分器分配至各串．星接收机，各干．星接收机将各套电视节目解调出音视频信号，再送到调制器进行调制，得到系统要传送的各频道射频信号，最后经放大后分配到高校各终端电视机。

（三）本地电视节目接收系统

一般情况下，在高校本地都有若干套无线传送的电视节目，这些电视节目也要纳入系统传送的节目，但不能将这些节目的射频信号直接混入系统进行传送，原因是正常混合进入系统的射频信号与串入系统的信号存在时间差，造成严重的重影现象，不能保证高校本地节目的传送质量。

解决高校本地无线电视节目的传送问题,有两个方案,一是无线电视信号经室外天线馈送至接收电路转换为音视频信号,再由调制器调制为某一频道的射频信号,这一方案每一套本地无线电视节目都需要一套由高频头和中放电路构成的接收电路,并占用一台调制器,这个方案能很方便地实现,但由于要增加调制器,所以成本较高。

另外一个方案是采用差频的方法,即高校无线电视信号经室外天线馈送至差频电路,将信号的载频差频到所需的频道,然后再混入系统一起传送。这个方案由于每套无线电视节目仅需一套差频电路,成本最低,且信号处理电路环节少更能保证信号的传送质量。当然这个方案也有缺点,就是市场上买不到现成的差频器,只能自制或定做。

差频器自制,较为简单且成功率较高的方案是采用现成的电视机高频头改造而成,改装后所得的差频器高放与输入回路的中频输出调谐和本机振荡的调谐是分开进行的,且增加了末级的差频放大级、增益控制和 AFC 等电路差频便是我们所需要的输出频道频率。另外增加的电路所采用的元件必须是低噪声系数的,原高频头的本振三极管也换成低噪声系数的,这样才能保证差频电路输出信号的质量。

改制时需要用打频仪进行调试。需要调整的部位有原中频输出谐振 PI 路、增加的 AFC 电路和差频输后放大电路的相关谐振 PI 路。可将原中频输出谐振网络拆下,用扫频仪监测,通过更换电容或改变电感匝数来改变谐振频率,使它变换为我们所需要的频道频率,其他谐振回路的调试方法是相同的。

(四)闭路电视系统的防雷设计

1.前端设备的防雷

前端设备有室外和室内安装两种情况,安装在室内的设备一般不会遭受直击雷击,但需考虑防止'由电过电压对设备的侵害,而室外的设备则需考虑防止直击雷击。

前端设备如摄像机头应置于接闪器(避雷针或其他接闪导体)有效保护范围之内。当摄像机独立架设时,避雷针最好距离摄像机 3~4m 的距离。如有困难避雷针也可以架设在摄像机的支撑杆上,引下线可直接利用金属杆本身或选用中 8 的镀锌网钢,为防止电磁感应,沿杆上摄像机的电源线和信号线应进行金属屏蔽,为防止雷电波沿线侵入前端设备,应在设备前的每条线路上加接避雷器,如电源线(220V 或 DC12V)、视频线,信号线和云台控制线。

摄像机的电源一般使用 AC220V 或 DC12V。摄像机由直流变压器供电的,单和电源避雷器应串联或并联在直流变压器前端,如直流电源线传输距离大于 15m,则摄像机端还应串接压直流避雷器。

2.传输线路的防雷

传输线路的防雷主要是传输信号线和电源线,室外摄像机的电源可以从终端设备引入,也可以从监视点附近的电源引入。控制信号传输线的报警线一般选用铜芯屏蔽软件线,架设(或敷设)在前端与终端之间。

从防雷角度讲,直埋敷设方式防雷效果最佳,架空线最容易遭到雷击,并且破坏性大,波及范围广,为避免首尾端设备损坏,架空线传输时应在每一电杆上做接地处理,架空线缆的吊线和架空线缆线路中的金属管道均应接地,中间放大器输入端的信号源和电源均应分别接入合适的避雷器。

传输线埋地敷设并不能阻止雷击设备的发生,大量的事实显示,雷击造成埋地线缆故障,大约占故障的30%左右,即使雷击的地方比较远,也仍然会有部分雷电流流入电缆,所以采用带屏蔽层的线缆或将线缆穿钢管埋地敷设,保持钢管的电气连通。对防护电磁干扰和电磁感应非常有效,这主要是由于金原管的屏蔽作用和雷电流的集肤效应。如电缆全程穿金属管有困难时,可在电缆入终端和前端设备前穿金屈管理地引入,但埋地长度不得小于5m,在入户端将电缆金属外皮、钢管同防雷接地装置相连。

3.接地方法

电视系统应有良好的防雷接地,以保证人身安全以及防干扰和雷击;设备的工作接地电阻应小于4Ω,当系统采用综合接地网时,接地电阻应小于1Ω;防雷接地应采用专用接地干线。由控制室引入接地,专用接地干线采用铜芯绝缘导线或电缆。接地线截面面积不应小于20mm;系统的接地线不能与强电交流的地线以及电网零线短接或混接,接地线不能形成封闭回路;由控制室引到系统其他各设备的接地线,应选用铜芯绝缘软线,其截面面积不应小于4mm;系统一般可采用单点接地;系统中三芯电源插座的接地端,应与系统的接地端相连(保护地线)。

三、高校演播室的建设

演播室是开展新闻制作、影视动画、文艺编导、播音与主持等专业的重要教学装备之一,是学生学习相关课程制作必不可少的实验场地。近年来,全国高校由于新闻、影视动画等相关专业的开设及教学和科研的需要,纷纷在学校内建设教学用影视演播室。

（一）高校演播室的空间建设

高校传统的演播室由空间上相互隔离的演播区、导播设备系统控制区和后期编辑录音区三大部分组成。随着视觉传媒的不断丰富，高校对动态媒体节目多样化的要求也在不断提高，动态媒体节目制作形式也在不断丰富和发展，开放式演播室的设计理念开始成为演播室的发展趋势。开放式演播室是指将演播区、导播设备系统控制区等功能区域有机地融合在一个空间里，工作场景成为实时演播场景。

比较传统的演播室，高校开放式演播室既是演播室节目录制区，又是日常节目编辑制作区，功能更加先进多样，工作流程更加流畅、高效，能让电视节El形式更加丰富和展现更强烈的现场感。因此，在设计上也要求视频系统、音频系统、通话系统、灯光系统、空调动力系统等各系统性能更加优越、稳定，各系统之间相互配合更加科学、高效。

同时，因为多个功能区集中在一个大的开放空间里，而各功能区工作场景又同时是演播场景，所以高校演播室功能区创意设计也非常重要，以现代传媒观念和多视角、多场景、多机位、多功能的开放式演播理念，将名术性和实用性相结合对演播厅科学合理地创意、设计，使高校演播室成为一个多视角、多场景、多机位、多功能的开放式演播室，以满足开放式、多功能的要求。既要满足镜头效果的要求，同时又要满足工作环境和视觉效果的要求。

（二）高校演播室的照明建设

按照《演播室灯光系统设计规范》的规定，高校彩色电视照明要求光源的显色指数（Ra）不低于85。如果光源的显色指数过低，彩色画面的色彩质量会受到较大影响。这也就是说，显色指数低于85的光源是不能在演播室中使用的。从拍摄镜头的需要来看，高校演播室应当装备足够的灯光照明用具，按照摄制要求布光，保证图像层次分明，色彩接近真实景物。

同时为满足多视角、多场景、多机位高清演播的要求，保证高校整个演播区有均匀的面光、侧光、造型光等。过去，曾有些高校为了节省投资，在演播室中没有使用高显色三基色荧光灯，而是使用普通日光灯。普通日光灯的显色指数大约为70，它严重缺少红光，因此，我们看到节目画面中人的脸色严重偏蓝，这种情况是不符合视频专业制作要求的。

鉴于高校的演播室内部空间比较小，所需光的投射无须很远，所以在设计时考虑冷光源和聚光灯合用，采用高显色三基色荧光灯，它的光源显色指数（Ra）可达到90

以上(一般摄像机的要求为85以上),既保持了白炽灯的优点,又可避免红外光带来的能量损耗。它以柔和的散色光,淡化了被照体上的光影,使画面更洁净。高显色三基色荧光灯灯管寿命达到10000~15000小时以上,使之运行成本大大降低。若每天使用8小时,也可使用3~5年。由于投射距离对层高的要求低,高约3~5m即可根据高校演播室的结构而设置环形冷光灯并可安装移动滑轨和简单升降设备,以利于小景区变化的需要。所以冷光灯特别适合在高校这样的中小型演播室中使用。

(三)高校演播室的设备配置

高校以教学为主的演播室由于受到场地、资金的限制,根据演播室工作流程选用性能价格比高的设备。

此外,还要考虑以下几点因素:

其一,技术上成熟与数字化,能支持数据、语音、视像等多媒体应用,视频标准应遵循国际化标准,根据现有的设备进行合理配套,使得新老设备均能正常使用。

其二,为高校今后的软硬件升级换代事先预留出应用端口,提供开放性的解决方案。

其三,支持多种视频格式、多种接口设置和多媒体实际应用。

其四,选用符合发展潮流的国际标准的软硬件技术,以便系统具备可靠性强、可扩展和可升级等特点,保证今后高校可迅速采用视频网络化发展出现的新技术,同时为现存不同的视频设备(摄像机、录像机、切换台、字幕机等设备)提供互联手段。

(四)高校演播室的声学建设

高校演播室的声学设计,目的是控制音源和创造良好的室内音质条件,保证录制节目的音质。演播室的重要声学性能指标是混响效果,评价混响效果的尺度是混响时间,混响时间太长,字音浑浊不清并且会有回音;混响时间太短,字音干枯无力,讲话费劲,理想的混响时间会使声音洪亮清晰悦耳,音域宽,讲话舒畅省力。

对于高校小型演播室合适的混响时间,应该控制在0~5秒或更低。影响演播室混响时间的因素常为建筑结构、墙壁地面的吸音效果、通风、空调、噪声等。由于现在高校教学演播室用房多是相对壁面平行的建筑结构,我们可从室内装修上通过改造使之不平行,演播室四壁和地面合理地使用吸声材料做吸声处理;能不.效控制混响时间。常用的装饰材料有.薄板穿孔吸声结构、空气吸声体等,内填的吸声材料有玻璃棉、矿棉、聚氨酯塑料等多微孔材料。在高校演播室内挂帘幕是调整吸声量的好方法。此外,将多种材料配合使用,可达到理想效果。

此外，高校演播室不宜采用自然通风换气的方式，而应采用现代化的无声空调装置。

（五）高校演播室的噪声控制

演播室的噪声问题一直是困扰一些高校电教中心演播室的一个大问题，给工作带来很多不便。这些噪声主要有环境噪声和中央空调噪声两大类。环境噪声的来源和成分比较复杂，解决的思想主要是远离和避免。中央空调的噪声源主要有三个：风机、电机和管道腔（共振），其中风机是最主要的噪声源。

1. 环境噪声控制

环境噪声来源复杂，一般只能从高校演播室的选址和用房设计上加以考虑。由于演播室的职能特点，选址和用房设计上必须遵循以下原则：避开噪声源，隔离噪声；减少环境温度的影响。演播室应设于高校大楼的中间几层，避开机械振源（城市街道、工地、场矿、铁道、机场等），相邻上下两层为静室（如陈列室、库房等），可以减小来自I:F 的噪声。四周为隔声室，减小来自四周的噪声。这样才能保证为高校演播室提供一个安静和气温适宜的环境，不受干扰，自然进入角色。

2. 电机噪声的控制方法

电机的类型不同，噪声控制方法也不同。一般高校电视台及高校演播室的电机原则上应以小功率为宜。可采用的降噪办法有：

风冷系统降噪。正确地选择风扇叶片形状和尺寸、通风口形状和大小以及合理的风道，能显著地降低噪声。购进电机时一定要注意其风冷系统的噪声系数要尽可能小。

加装消声器和消声筒。在电机辐射噪声（空气动力性噪声）最强的部位加装消声器，在冷却风扇处加套消声筒。要求消声效果好，且不影响电机的冷却散热，拆装方便。

设置全装式隔声罩。电机隔声罩与别的机组的隔声罩原理相同，但鉴于电机的冷却散热要求严格，设计隔声罩要注意：罩内有足够的空间做储气室（隔声罩内壁与电机外缘距离不小于 50~70cm）。隔声罩要有足够的进出气通流面积。对电机的机壳和底座使用隔声软垫，缓解振动，减小噪声。为隔离基础振动，可以在电机下安装减振器或设计专门的隔振基。

如果电机装上消声器、隔声罩，缓解隔离了基础振动，再把它设计安装到隔声室中，机位远离高校演播室，那么由此引起的噪声完全可被降下来。

3. 风机噪声的控制方法

在风机噪声问题上可采用的噪声控制办法有：

轴流风机噪声大，不适于演播室。在风机进出口管道上安装消声器。风机的消声器目前国内外均采用阻性消声器。

风机加装隔声罩。在加隔声罩时应注意选择与之配套的通风冷却方法及该种方法的减噪。比较适于给高校演播室中央空调风机通风冷却的方法有：自扇通风冷却法；负压吸冷却法；罩内气循环通风法。

输气管道上除加消声器外，还可以延长管道、改变管道的行走方向、在管内壁贴阻尼材料和吸声材料。在管道设置上还可采用多级增粗的管道。由风机出来的气流先进入较粗的管道，这样可以减小风速，再利用消声设施消声并缓冲涡流。甚至用这种多级单元，使气流慢速流入高校演播室。

还可以利用空气对流的特点使其在管道最后段自动循环进入演播室。对风机的机壳、底座使用隔声软垫。为隔离基础振动，可以在风机下安装减振器或隔振基。

4. 机房噪声的综合治理措施

改造机房噪声的综合治理措施。高校演播室中央空调一般都有专门的空调机房，可以把机房改造成隔声间，设置于远离演播室的地方，两者中间相隔数层房屋最好，以降低噪声。

机房隔声间可以用砖砌，一层24cm厚的砖墙，隔声量约为50dB。砖墙的灰缝要抹实，门、饬等按隔声技术要严格进行设计和施工。在隔声间内悬挂吸声体，在房间内表面布置吸声材料。

四、高校校园电视台的建设

（一）高校校园电视台的职能

1. 记录历史

高校校园电视台的诞生，就起源于高校希望能留存住一些重大事件、重大活动、重要人物的音像资料。在日常工作中，保证新闻或资料性的拍摄，仍然是高校校园电视台工作量最大也是最重要的任务。

2. 促进交流

高校校园电视的受众是同处一个校园环境中的师生，他们有许多共同的情景或话题。高校校园电视能最大限度地激发他们的共鸣和亲切感，不但使其产生交流的热情，促进工作的进步和自我的成长，也确实能带来实际可借鉴的经验和心理情感的满足。

3. 服务师生

高校校园电视首先要为师生提供他们所需要的信息和知识,为他们的学习和工作创造良好环境,为他们的生活带来便利和帮助。在此基础上,在节目的制作和编排中,尽可能以丰富多彩、风格突出、持之以恒的节目来潜移默化地实现高校的宣传和教育目标。

4. 传承文化

高校校园电视能够方便直观地把声像信息"广播"给广大师生,无疑是传承校园文化最好的载体之一。另外,当高校校园电视被师生们逐渐接受、喜爱并成为日常生活的一部分之后,它本身也就成了校园文化的有机成分,不但传承文化,也塑造文化。

高校校园电视台通过电视台的节目,以新闻、专题等栏目,以宣传典型、专访、座谈、辩论等形式,全方位、立体化、声像并茂、生动形象地向师生进行以爱国主义、集体主义、社会主义为主要内容的精神文明建设教育。强化大学生正确的社会道德观,使他们树立正确的人生观和科学的发展观。还可以通过典型事例的剖析,帮助他们从心理上对是非、美丑等做出正确的判断和选择,自觉地追求高品位、高格调的学习、工作和生活方式。

同时,高校校园电视台的收视对象是学校师生,特别是大学生,他们的年龄、文化和心理相对稳定,电视台可以通过宣传党和国家的方针、政策,传达、宣传学校的重大决策、重要决定、重要意图及政令,报道学校的教学、科研、后勤服务、学生工作、党建与思想政治工作等方方面面的信息,来促进高校大学生的思想道德素质的提高,为学校的改革发展提供良好的思想保证和舆论环境,为育人服务。

高校校园电视含还可以系统地播送精神文明教育、学术讲座、外语节目等,播送师生文体活动,播出电视连续剧等。这样不仅活跃了校内文化生活,而且也增强了师生的凝聚力和同心力。

(二)高校校园电视台的设备选型

建设高校校园电视台,摄、录、编设备的选择配置是很重要的环节。选择设备必须坚持实用、更新周期长、节目质量合适、经费允许四大原则。适合校园电视台的摄、录、编设备品种繁多,发展更新很快,价格变化也很大。高校在购置设备前需多作调查,根据实际情况并为兼顾今后发展做好规划。

1. 视频设备

摄像机作为最重要的信号源设备,在视频系统中占有重要地位。并对节目的质量起关键作用,一般演播室拍摄均设置多台摄像机,为了保证高质量的信号源,应采用具有高稳定性和高可靠性的数字摄像机。由于数字摄像机采用了DSP(数字信号处理)技术,使得它具备了适应亮色控制、适应细节控制、肤色细节控制和肤色自动光圈控制等许多模拟摄像机所不具备的功能。其灵敏度、信噪比和分辨率都是模拟摄像机无法比拟的。外景拍摄由于具有场地不固定、流动性强的特点,建议选用体积小、重量轻、操作方便、耗电少的便携设备。作为主要的视频信号记录设备,录像机的选型必然涉及记录格式的选型。

从技术发展来看,在相当长的一段时间内,盘基的制作、存储和播出系统还无法完全取代带基的制作、存储和播出系统。因此,记录格式的选型直接关系到今后全台如何实现向数字化的平稳过渡。目前市场上的数字记录格式比较多,如何选择,是在系统设计中必须要考虑的。在选择时,既要考虑对现有数字记录格式的兼容性,又要确保具有高质量性、高稳定性、高可靠性、低维护费用和较高的性价比。保证向数字化的平稳过渡。我们推荐校园电视台采用DVCAM格式,DVCAM格式数字录像机能兼容重放DV格式磁带,并且很多电视台都有DVCAM格式数字录像机,这样高校校园电视台制作的节目就可以直接送到电视台播出了。

视频切换台是节目制作系统的核心,是信号输入、输出的枢纽,其性能指标在系统集成中是至关重要的。数字切换台的输入是多路的,要求每路的亮度、色度等均可调整,当需要变更信号的顺序时,很容易通过菜单改变,视频输入信号在切换台上直接切出,也可对任意二路输入信号作特技,并在切换台的下游键插入所需的字幕和图形等。

2. 音频设备

传声器是原始声源的输入口,其质量优劣、选用的合适与否、使用的方法都直接或间接地影响电视节目的质量。传声器在选择和使用的特点有四多,即"数量多、使用多、种类多、缺点多,传声器是音频系统中配置数量最多的信号源设备,是音频处理过程中的第一个环节,同时,受目前技术制约,也是声音处理过程中的最薄弱环节。

所以,传声器的选择就显得尤为重要。在高校校园电视台的音频系统配置上,要尽可能选择灵敏度高、频率响应范围宽、失真小的电容式传声器。调音台是音频系统的核心设备,主要负责将多路声音信号进行处理再加以混合,产生多路输出,送至广播设备进行播出,或送到扩音机直接推动扬声器发声。在选择时应尽可能选择接口丰富、调整功能齐全的调音台。

3. 后期编辑设备

现在电视台用于后期制作的设备磁带机比较多。主要原因是比较传统的操作方式,编辑人员使用熟练。但是这些设备价格都比较昂贵,早期建立电视台的高校还在使用它。非线性编辑机是近几年才出现的设备,目前设备的价格比磁带编辑机要低很多。并具有可对原始素材进行无损复制,在进行视音频节El编辑的同时,还可处理文字、图形、图像和动画等多种形式的素材等一系列优点。建议高校新建校园电视台采用非线性编辑系统,用于电视节目的后期制作。高校都配有闭路电视系统,节目的播出直接进入该系统即叽大型电视台的播出设备是一个庞大的系统,频道多,播出时间长,各节目之间安排严谨,自动化程度高。操作起来相对复杂,高校校园电视台很难做到,也没有必要。高校可以采用比较简单的播出系统,由于播出的时间不长,人工操作就可以了。

近几年来,高校都架设了校园局域网。利用局域网传送电视节目,不管使用电视还是使用计算机,都能看到校园电视台的节目。在选择播出系统时,可优先考虑接入校园局域网。

(三)高校校园电视台的播控系统建设

播控系统是高校校园电视台的中枢和核心,主要进行自办节目播出、其他电视台节目转播、现场直播信号切换,以及信号的编码、调制、解调、变频、放大等处理。因此,播控系统设计的合理性和稳定性将直接决定高校校园电视台的各项性能指标。

1. 播控系统简介

为充分利用现有有线电视设备和传输网络,确保节目安全可靠播出和传输,高校将校园电视台播控系统和原有线电视网络前端设备有机结合并加以适当改造后,从而建立一个功能完善、技术先进、扩展灵活、稳定可靠、经济实用的播控系统。此系统可实现卫星电视节目接收、自办节目播出、其他电视台节目转播、电视现场直播、网络点播/同步直播等功能,同时,兼容模拟/数字信号处理,采用同轴电缆/光缆和模拟/数字信号同步传输的解决方案,使其发挥最大功用。

2. 播控系统组成及工作原理

高校播控系统主要由CATV邻频前端系统(对原有模拟前端进行数字化改造)、DVD、硬盘播出系统、DVCAM数字录像机、音视频切换器、台标/字幕机、视频服务器、视频编码工作站等设备构成。

高校播控系统的基本工作原理是:首先将所有自办节目信号、现场直播信号、CATV信号通过音视频切换器选择其中一路音视频信号输出(被选择节目可通过输出监视器进行预览),为了让高校师生对本频道便于识别,还需将音视频切换器的视频输出端与台标/字幕机的视频输入端相连,从而实现对所播出节目的台标和字幕叠加,最终效果还可以通过末端监视器进行预览。至此，时最终所要对外传输节目的前期处理就完成了。然后，将音视频切换器输出的音频信号和台标/字幕系统输出的视频信号分别分成三路传输：一路输入至模拟电视调制器；另一路音视频信号输出端则通过 MPEG 编码器、QAM 调制器、上变频放大器（将播出节目信号上变频到电视频道）与多路混合器相连，最终与 CATV 信号进行混合传输；第三路音视频信号则送入网络视频直播/点播系统。

3. 网络直播/点播系统

随着视频技术和流媒体技术的不断发展，网络视频传输（含网络直播和网络点播）已经逐渐普及开来。网络直播/点播系统可实现高校自办电视节目或其他直播节目与电视同步直播的功能，对于进行电视教学、召开视频会议等活动尤为实用。如果高校在进行校园电视台建设时能充分利用网络优势，实现网络视频直播和点播的功能，则必将为教育教学、管理、内部宣传等方面提供莫大的便捷。

网络直播/点播系统的工作原理是：将音视频切换器输出的音频信号和多通道台标/字幕系统输出的视频信号输出端分别与视频编码工作站采集卡的音视频输入端相连，经视频编码工作站进行视频编码、压缩等处理后，将原有音视频信号生成实时的数字视频码流（如 MPEG-4、RM、RMVB、WMV 等），然后通过千兆交换机与视频服务器进行连接，再由服务器与高校校园网或因特网进行连接，从而真正实现网络视频的同步直播。除直播以外，还可将某些节目直接以流媒体格式放在视频服务器上，并建立相关网页，以供点播。

（四）高校校园电视台的直播系统建设

高校直播系统是现场直播的核心组成部分，主要进行现场图像与声音采集、切换、特技处理等工作，同时将所要播出节目的音视频信号通过同轴电缆系统或光缆系统网传至电视台播控中心进行台标叠加后最终切换播出。因此，该系统设计的合理性和科学性将影响到整个直播节目的最终播出和收看效果。

高校直播系统将特技切换台和调音台输出的音视频信号通过视频分配器分成三路：一路音视频输出信号直接与数字录像机音视频输入端连接，以作为直播备份；一路音视频输出信号通过模拟调制器调制处理后，与混合器输出端相连；还有一路音视频输出信号经 MPEG-2 编码器进行数字化处理后，经 QAM 调制器进行数字调制后，通过上变频器与混合器输入端相连，通过混合器与模拟信号进行混合。最后，将混合器输出的信号经放大器放大后分别送入光发射机或同轴电缆直播干线回传至电视台播控系统。

第五节　高校外语调频台的建设

一、高校外语调频台的作用

现在，高校教学双方已经逐渐认识到，良好的英语语言环境是学好英语的重要条件之一。研究证明，广泛地接触目的语（target language），特别是以阅读、听说等方式广泛接触目的语为母语的人（native speaker），对学好外语是非常关键的。由于语言同社会文化关系密切，一般要亲眼见过或者"亲耳"听过 native speakers 在哪种情景下怎样表达的，才能正确使用。也就是说，外语学习的实践性很强，需要在一定的环境内进行相当长时间地操练，才能见到成效。在构建英语学习环境方面，英语调频台有比较大的优势。调频台不但能以比较低的成本营建校园英语学习环境，还可以丰富高校的文化生活。

根据笔者的亲身体会和观察，收听英语广播节目比观看英语电影/电视的效果都要好一些。收听时注意力更加集中，更有利于调动、训练收听者的预测、推理、判断等听力技巧。

如果把英语学习环境分为课堂微观环境和课外宏观环境，外语调频台不仅是英语环境的一个构成部分，同时还可以很好地把其他部分联系起来。以清华大学外语调频台为例，由于采用了开放式的工作原则，无论是英语专业的学生，还是其他专业的学生，只要英语水平达到任用标准，都可以来参与节目的采编和播音，使英语专业同大学英语这两部分有了进一步的联系。同时，外语调频台同学校多种英语活动都建立了良好的互动关系。比如，调频台通告英语文化讲座、英语角、各类英语考试等活动信息。调频台为外教每周举办的一次英语文化讲座录音，在编辑加工后播出。这样不但增加了学生的收听机会，也有利于资料的积累，为以后的英语调频节目库做准备。

二、高校外语调频台的技术优点

科学技术的整体发展，必然会促进无线调频技术的更新与发展。无线调频广播技术目前并没有落伍，而是随着科技的发展而进步了。从录音、编辑到播音，调频广播已经实现了数字化。据专家分析，数字音频广播（DAB）将会成为调幅、调频广播技术之后的第三代广播技术，而且，更高级的数字多媒体广播技术（DMB）也已进入广播专业人员的视线。

具体到节目编辑，由于计算机技术已经相当成熟，出现了功能齐全、界面直观友好的应用软件。有条件的高校，还可以利用功能更加强大的音频工作站编制、播出节目。发射机可谓是高校校园调频广播的关键系统。因为目前的技术已经很完备，不但大大缩小了机器的体积，降低了造价，增加了不少功能（如自动定时开关），而且机器的工作性能更加稳定。终端接收用的收音机也体现了技术的进步，比如性价比有了很大提高、功能越来越多（报时、照明）。近两年，袖珍数码收音机开始进入市场，在对高校大学生中有很强的吸引力。同其他高、精、尖技术相比，高校校园外语调频广播有以下几方面的突出优势：

（一）投资少，伸缩自如

高校修建一个语音实验室，投资需要十几万元人民币，而高校校园调频广播的基本设备建设费用在3000元到5000元人民币。如果要建设进口设备的语音实验室，建设费用则会高达几十万元人民币，而配置相当完备的校园调频广播系统，所需费用也就2万元左右人民币，而且受益面很大，方圆几公里内的人都可以受益。

所谓伸缩自如，指的是升级、扩展方便。如果经费充足，完全可以将基本配置扩容，比方配置多台电脑并建立局域办公网络，方便备用和资源调配。增添CD播放机、调音台、MD机、功放等比较专业的设备，这样，以几万元的资金，就可以建立起一个完整的高校校园外语调频台系统。

用户端（这里主要是学生）只要有收音机就可以收听。现在的收音机不但款式多样，性能有保障，价格非常便宜。用户常用的调频收音机十几元，贵一点的也不过几十元。

近年来，多数高校由于扩招等原因，语音实验室等外语教学设施的利用相当紧张，甚至是一时难以跟上。利用高校校园外语调频广播，可以缓解这种教学矛盾，将外语听力教学从教室延伸、扩展到高校校园内更大的空间。

（二）方便稳定

我们也尝试过利用网络技术把调频节目链接到高校校园网络上。但这需要用户端有充分的条件：有电脑，并配备喇叭或者耳机。但现实条件是，多数学生无法自己拥有这些设备。况且利用网络和计算机的话，学生不得不以机器和网络端口为中心，这种向心性的活动自然会产生拥挤、拥堵等后果。而通过高校校园外语无线调频广播，是机器为人服务，既经济又方便。其工作特点是辐射性和开放性，学生无论是集体收听,适是个人收听都可以;无论是在教室、操场甚至是在食堂,都可以随时随地收听教学节目。

无线调频广播技术目前已经相当成熟,工作性能相当稳定。在音质优美流畅、工作稳定可靠方面,高校校园外语调频广播的优势是非常明显的。

(三)特别应用

在 SARS 肆虐的时期,高校校园调频广播的技术优势得以按现出来。为了避免密集接触,尽可能降低交叉传染的可能性。不少高校关闭了计算机试验室。而有条件利用自己的电脑联通校园网学习的学生数量毕竟有限。通过无限调频广播,学生不用集中,就可以非常经济、方便地学习外语。

同时,高校校园无线调频广播也是紧急情况下广播重要通知的一种快捷方式,能迅速将学校的通知、指示,以及社会信息传递给学生。

(四)灵活性

由于技术的进步,一台发射机有两个甚至多个频点早已成为现实。利用这一技术特点,可以同时广播多个节目。具体到高校校园内的外语教学,这就意味着可以针对不同班级的学生同时广播不同的外语听力教学或者自学材料。而自动定时开关、自动循环技术的应用,可以在无人值守的条件下实现定时广播、循环广播。多频点、自动定时开关、自动循环广播,可谓调频广播技术的一大飞跃,极大地提高了高校校园调频广播的灵活性。

此外,高校校园外语调频广播技术的灵活性还体现在投资规模上:教学经费紧张时,可以采用基本配置,以几千元的投入就可以保证节目的运转;经费宽余时,可以采用比较高端的配置,提高录制、编播效果。

三、高校外语调频台的建设方案

由于高校多校区的特殊环境,使外语调频台在收听范围上存在一定的缺陷,管理上也存在不便,而流媒体技术的应用,正好能够解决外语调频台目前存在的问题,可在高校校园网上搭建一个基于流媒体技术的多校区一体化的调频台,使其从一个传统的调频台转化成管理灵活、收听范围广的数字调频台。

(一)设计结构

整个系统由三大部分组成:播控发射端、流媒体信号处理区、应用发射端。

（二）播控发射端

播控发射端由调频发射器、调音台、话筒及音源设备卡座、机等组成。其主要功能是将音源设备输出的信号输入到调音台，由调音台混音后输出给流媒体编码解码系统和调频发射器。其中调频发射器将输入的信号对外发送，听众可通过调频信号接收器调频收音机接收信号并收听。

（三）流媒体信号处理区

流媒体信号处理区主要有三个系统组成：流媒体编码解码系统、流媒体直播服务器和流媒体解码编码系统。

1. 流媒体编码解码系统

流媒体编码解码系统由具备音频信号采集能力的专用计算机和运行其上的编码软件 Real Producer 共同完成。其主要功能是由音频采集卡实时捕获由播控发射端的调音台输入的音频信号，再由 Real Producer 对取得的音频信号进行编码，从而创建流媒体文件格式并发送给流媒体直播服务器。

2. 流媒体直播服务器

流媒体直播服务器是由流媒体服务器硬件平台与运行其上的流媒体服务器软件 Real Producer 共同完成。其主要功能是完成流媒体的存放、控制和发布。

3. 流媒体解码编码系统

流媒体解码编码系统由具备音频信号处理能力的专用计算机和运行其上的与编码对应的解码播放软件 Real Producer 共同完成。其主要功能是由通过网络实时接收流媒体直播服务器的音频编码信号，由音频卡配合 Real Producer 解码后将信号输入到应用发射端的调音台。

（四）应用发射端

应用发射端由调频发射器、调音台、话筒及音源设备卡座、CD 机等组成。其主要功能是当来自流媒体解码（编码）系统音频信号输入到调音台后，由调音台混音后输出调频发射器。调频发射器将输入的信号对外发送，听众可通过调频信号接收器（调频收音机）接收信号并收听。应用发射端的其他设备如话筒及音源设备（卡座、CD 机等）输出的音频信号也可选择性的输入到调音台混音。

（五）网络支持

一个良好的网络环境是成功实现流媒体应用的基础。高带宽、低时延、少丢包是流媒体应用对网络环境的要求。为此我们在网络部署方面做了如下设计：

第一，高带宽接入。流媒体编码系统及流媒体服务器，及各个校区调频发射子系统采用千兆网卡接入校园网骨干。

第二，采用 VLAN 技术为编码及服务系统提供专用子网。通过 VLAN 技术，一方面可以减少子网中的广播数据包提高带宽的利用率，另一方面可以减少校园网中其他用户对该子系统的影响。

第三，在校园网中部署 QoS 体系。利用带宽保证机制为本系统提供带宽保证，同时，通过区分服务及队列技术的应用为本系统的数据流提供高转发优先级。这样，即使在网络拥塞的情况下，该系统的数据流能够得到保证的带宽和要求的低时延。

第六节　教育技术多元化创新

一、建立协同学习网络教学平台

信息技术与 Internet 的飞速发展使远程教育成为现实。协同式教学方式使这些课程完全可以跨越地域、跨越学科和跨专业，所以它能吸引世界各地的学生和教师积极参与其中，引起教育界和全社会的广泛关注。这种以 Internet 为教育信息和课程承载、处理、传输平台的教学方式就是我们目前所说的网络教学。而其具体的实现方式则是协同式教学方式，是一种多个不同地域的教学资源及师资的合理化运用。

协同学习是指学习者在与他人相互作用的过程中所进行的学习。利用基于 Web 网络过程的协同学习环境，可以让多名学生不受地域的限制，好像坐在一起进行某种问题的讨论，事先制定内容的有效学习。协同式学习环境是基于计算机辅助协同工作（Computer - supported Cooperative Work，简称 CSCW）技术实现的，即一个群体中的多个成员同时使用分布式网络系统中的多台计算机协同工作，共同完成某项任务，这一思想体现了信息时代人们工作方式的群体性、交互性、分布性和协同性的客观要求。

（一）协同学习网络教学平台的具体实施

协同学习网络教学平台，可分为三个阶段进行。

第一个阶段是准备阶段，这一阶段主要是教育目标和教学策略的确定，教学内容的选择和教学计划的编制。教学策略可以理解为教学方法，运用的目的是为了保证通过恰当的方式向学习者展示学习内容，并获得预期的成果。教学策略包括互动技巧、学习活动的安排、引起注意和增强记忆的手段等。在此阶段，教师们要通过在网络环境下的协作和协同工作实现上述安排。

第二个阶段是网上教学阶段，这一阶段的主要任务是网上的实时教学，此阶段的主要方式是，在网络环境下采取类似视频网络会议的方式进行，用 M：M 教学方式在学生和教师之间实时地进行交互式的讨论式教与学。

第三个阶段是网上答疑和辅导阶段，这一阶段的主要任务是强化和提高学生的学习效果，这个过程在教师和学生之间可以采用分时异步进行，也可以采用同步实时进行。协同式教学方式不仅仅是通过技术的使用来延伸课堂，更倾向于最大限度地建立学习者之间、学习者和学习资源之间的联系，而不论他们身在何处。这种联系的最有效的方式是互动性。

（二）协同学习网络环境的构建

1. 协同学习网络环境的拓扑结构

系统采用普遍使用的浏览器/服务器（B/S）的结构。Web服务器提供一个目录服务，以目录树的形式显示所有带标题的学习分组，以及登录到目录服务器但尚未加入分组的学生，每个分组内列出参加学习的成员，组外成员可以随时申请加入感兴趣的分组，也可以单独发起讨论题目形成新的分组。

2. 协同学习网络环境的功能实现

协同学习网络教学系统为学习提供了较大的自由度，不仅可支持个别化学习，还可支持协作式学习。在协同式网络教学系统的教学应用中，可以通过调解访问权限，从而实现个别化学习模式和协作式学习模式之间的切换，访问权限的修改由教师来控制。

利用协同式网络教学系统进行协作式学习时，需要该系统能把教师备课、分配学生学习任务、布置作业、学生根据教师要求进行学习、教师对学生学习过程的控制管理、对学生学习成绩进行评估等方面结合在一起，形成集成化软件系统。在该系统中，教师可以对学生起到监控、指导等作用，学生与学生之间可以实现信息交流、相互协作、向其他同学提出问题等愿望。

把教与学结合起来研究，使教与学成为一个统一体。把实现教学目的放在首位，根据教学目的设计教学内容，再根据教学对象、教学内容、教育技术和教学条件设计教学模式。由此可见基于Internet环境下的协同学习网络教学平台是对目前人们忽略了在网络教育时代的教的一种有益的提示和补充。

二、建设混合学习平台

混合学习平台的建设是近年来在E-Learning研究领域中和企业发展研究中一个重要的新热点问题。"混合学习"是把传统学习方式的优势和数字化学习的优势结合起来，既要发挥教师引导、启发、监控教学过程的主导作用，又重视了学生利用网络学习的自主性、积极性、主动性和创造性。通过二者的有机结合，实现高校远程开放教育"教与学"的最佳效果。

混合学习的理论依据：

（1）人——机——环境协同效益理论，系统科学的整体论、优化论。

（2）以人为本的理论，强调人们个性化的学习方式是不同的，适合于不同人的学习媒体也是不同的。

（3）不同问题要求用不同的解决方式（不同的媒体与传递方式），关键

在要针对特定的问题，提供恰切的混合方式。

（4）强调通过"教与学"的设计，构建以最低的投入获得最高效率的学习方式。

混合学习的关键是产生协同效应混合型学习，不是胡乱的混合，或者强拉硬配，而是强调现代信息化教学手段与传统教学手段的有机结合，各种教学媒体、学习方式的协调应用。混合学习重点强调把人、设备、环境和各种学习资源的优化组合、系统设计，要能产生出 1+1>2 的协同效应，并强调构建以最低的投入获得最高效率的学习方式。

传统的教育是强调以教师为中心，E-Learning 的本质是以"学习者为中心"。但是混合学习法不是两种教育的简单相加，而是在系统思想指导下，根据特定的教育思想、学科教学理论、因人、因地制宜的一系列学习的设计方案。因此说，混合学习设计也是一个学习系统工程—是采用系统科学的思想，把传统学习与 E-Learning 有机结合，对"教与学"过程中的诸要素进行系统设计，制定出一系列规范的教的程序、学的程序以及学习者相应的学习策略的体系。

三、建立网络直播教学平台

网络直播教学平台作为高校远程教育最常用、最基本的授课手段，应该通过精心的设计，才能为学习者提供最佳的教学条件、最及时的教学指导，取得最有效的教学效果，发挥网络有效功能。

（一）网络直播教学平台建设原则

1. 互动原则

基于互联网平台的网络直播教学平台设计必须满足课堂设计的基本属性，课堂上师生间必要的互动，保持课堂活跃状态，可以有效地引导学生进入积极学习的状态，调动学生参加网络学习的积极性和乐趣，同时也可以调动教师教学的积极性和创造性。基于网络环境下网络直播课堂的交互有异地同步交互和同地异步交互两种，交互的效果取决于课前的设计，教学设计可划分为四方面的内容：教学需求分析、确定教学目标、制定教学策略、进行教学评价。

2. 简约原则

网络直播教学平台必须遵循远程教育的规律，每门课程每学期直播课堂活动不能过多，安排 2~3 次为宜，期初、期中、期末，在课时安排上也要有一定的限制，每次以 2~3 学时为好，启发性授课为主，以精练的语言、简洁的图表来体现简约原则。

3. 渲染原则

教学时仪态要自然、端庄大方，服饰要考究和必要的淡妆，语言生动活泼、条理清晰，富于逻辑性，推理顺畅，表述准确，有较强的感染力，具有启发性，调动学生学习的主动性、积极性；备课充分，重点、难点突出，具有针对性，解决学生学习过程中的实际问题；合理应用各种电视表现手段，素材多样化，丰富多彩，生动活泼，新颖但不花哨，尽可能调动学生的眼、耳、手、脑、心、口、体等器官的认知的能力，尽最大可能提高烘托和感染效果。

4. 导向原则

直播课堂不适宜于按章节平铺直叙，必须导学为主，辅导于学习中，讲授难点、重点、答疑、解惑、析疑、期末复习串讲，多讲案例，多作讲评，启发诱导，网络直播课堂的主讲教师要利用学生的好奇心和求知欲，引导学生学会学习，学会发现问题，学会解决问题的方法和途径。以问题的提出为课堂主线，激活学生的思维，可以起到事半功倍的效果。

5. 共享原则

在浩瀚的网络资源海洋中，网络直播课堂应大量使用最新的学科动态，采用链接、下载、制作等方式，在课时有限的课堂上，把最新的学科前沿知识传授或者介绍给学生。

6. 自主原则

树立以"学生"为中心、以"自主学习"为核心的网上教学过程教学设计理念。建立起符合开放教育特点、适应学生远程个别化自主学习的网上教学过程模式。

7. 差异原则

满足学生在自主学习中的不同需求，照顾到学生需求的差异性，就必须提高直播课堂的针时性。应通过有效整合多种媒体给学生讲解知识，启发学生的积极性和主动性。

8. 服务原则

网络直播课堂教学的关键点是"媒介"和"交互"，核心是服务，良好的服务手段，能够给予服务对象——学生，最大的精神满足感与愉悦感，有助于实现"以学生自主学习为中心"的目标。在课程安排方面,安排好直播课堂播出时间计划,尽可能在上学期结束前将下学期直播课堂播出时间公布上网,方便学生和基层教学点。对于调整课程时,应提前在网上公布。除了不厌其烦地安民告示外,对按时收视的学生,采取激励措施,最大限度多组织学生实时收听、收看。直播课堂除了采用以教学单位组织的形式授课外,还应该为学生提供"个别化"服务,提供技术支持服务,应用匹配的视频软件,经过身份校验,让学生在家或单位就可登录网络直播课堂,实时地了解直播课堂现场情况。

9. 创新原则

由于知识更新速度的日新月异,社会不断地进步和发展,学科的前沿向前移动,教师本人教学经验的不断积累和丰富、水平的提高、学生对学习要求日益增长等等因素,直播课堂的内容和水准不可能一劳永逸,结合变化了的情况,也必须不断更新和创新。

(二)网络直播教学平台设计的基本思路

网络直播教学平台目前通常采用以下形式:实时单向直播;实时双向直播;将制作好的课件非实时单向直播;虚拟课堂和现实课堂相结合,进行远程传播到各教学点;直播单位课后将以上各类直播课堂的场景变成流媒体(三分屏)放入服务器,静态供学生点播或下载。针对不同的课程以及内容、授课对象、授课的目的,可选择不同的形式。

教学设计可从四方面的内容考虑:教学需求分析、确定教学目标、制定教学策略、进行教学评价。教学需求分析是教学设计的基础,教学目标的确定是根据社会对人才的需求、学生的特征及具体教学的学科内容来确定的,因此教学需求的分析必须要以对学习需要、学习内容和学生的分析入手,搞清楚学生目前的学习水平与社会需要之间的差距。

网络直播教学平台中涉及的课程设计不同于常规的面授课课程设计,除了具备面授课课程设计的要求外,还必须满足于远程教育的特征,创造师生处于准分离状态下的必要交流环境,因而网络直播教学课程设计必须兼顾教师有限的课堂教学时间和学生充分的自主学习两方面的需要。在设计网络直播教学课程过程中,应考虑以下因素:

1. 课程选定

选择网络直播教学课程要对课程进行必要的筛选,由于直播教学课堂的特殊要求,不是所有的课程都适合以直播课程的方式进行,要认真分析何种课程可以采用直播课堂方式提供,定出开课计划。对于案例分析、辅导课程、讨论课程等需要互动的课程采用直播课堂效果会好些。

2. 教案编写

编写教案，不仅要立足于引导学生掌握教材基本内容，还应注意拓展学生的知识视野。在以教研室为单位进行集体备课的基础上，编写好教案，设计好问题的引出，进行启发性的引导，开展必要的远程讨论，准备好对结论的论证材料。

3. 资源整合

在网络直播课的教案设计中，整合网上资源是非常重要的一项内容，教师必须采集与课程相关的文本素材、图像素材、音频素材、视频素材、动画素材等进行整合、串通、有机搭配、内容有效互补，形成丰富、多彩的电子教案，提供个性化的学习环境，在有限的教学时间里，最大限度地展示有效的教学资源，最大限度地为学生海量信息的获取提供有效的服务，体现网络教学资源的广泛性、丰富性、开放性和实时性。

4. 在线交互

由于基于网络环境下直播课堂的交互是异地同步或异步交互，交互环境和交互内容是影响学习者参与教学交互的主要因素。所以，网络直播课堂绝对不是面授课程的简单传递，要保证直播的效果，互动是十分重要的手段，尤其是个性化互动。学习的发生和发展离不开与他人交互的环境，因为交互是人与生俱来的需要，也是教学的需要。

5. 虚拟仿真

在网络直播课堂中，若能将虚拟现实技术和仿真模拟结合起来，将是更高的要求、更大的优势，它既能创造出逼真的环境、场景，又可以模拟出不同条件下的现实情景，平时的学习和培训不易实现的现场，通过虚拟仿真得以实现。

6. 反馈机制

要有一套直播课堂的课程评价体系，从教学设计、视觉设计、语言设计、学习设计等方面来评判直播课堂的教学效果。通过专家和学生两个方面，对于现有课程的网上教学过程建立起科学的评价标准，并进行跟踪观察与定期评价，以便及时做出教学调整。评价方式可以是多元的，如网上观察法、问卷调查法、教学检查、学生座谈、形成性考核、终结性考试等等；评价内容可以是全方位的，如从支持服务各要索到支持服务体系，甚至到开放教育试点项目；评价角度可以是多样的，如学生上网学习记录，学生形成性考核成绩、终结性考试成绩，教师开展教学活动的效果、整体业务能力的考核等等。

第四章 高等教育信息化教学创新设计

第一节 信息化教学设计概述

教学设计是以学与教的原理、传播科学和系统科学等为理论基础,以教学系统和教学过程为研究对象,以获取优化的教学效果为目的,是连接教学理论和教学实践的桥梁。

一、信息化教学设计的定义

信息化教学设计的定义有很多种,祝智庭先生的描述是:信息化教学设计是充分利用现代信息技术和信息资源,科学安排教学过程的各个环节和要素,为学习者提供良好的信息化学习条件,实现教学过程最优化的系统方法。黎加厚先生的解释是:所谓信息化环境下的教学设计(信息化教学设计),是运用系统方法,以学为中心,充分利用现代信息技术和信息资源,科学地安排教学过程的各个环节和要素,以实现教学过程的优化。

教学设计(Instructional Design)又称教学系统设计(Instructional System Design),是指运用教学系统方法来分析教学问题、确定教学需求、设计教学方案、试行教学方案、评价施行结果,并在此基础上不断改进教学的系统规划和决策过程。教学设计是一门应用性的教育技术,它既具有一般设计的特征属性,同时又必须遵循教学的基本规律。

在日常的教学实践中,教师制订教学计划、分析教学内容、准备教学方案、检查评估教学等都是对教学活动进行的设计工作,但它往往局限于教师的经验和直觉层次上。现代教育技术意义上的教学设计,通常被定义为运用教学系统方法开发媒体学习材料和规划教学活动方案的系统化组织过程,它是对教学系统进行规划和组织的方法步骤和决策程序,其产出结果一般是经过验证的教学系统或教学实施方案。

教学设计有别于设计教学的过程设计教学只是为了创设教学序列和情境而进行

的有计划、有步骤的"设计"活动;作为一种应用性的教育技术,教学设计不仅包括了"设计教学"的过程,还包括了关于设计教学的理论、研究和实践领域,是关于设计教学的结构化、系统化的理论和实践体系。

教学的宗旨是促进学生获得知识和技能,不同类型的知识、技能需要不同的学习条件,教学设计的目的就是为了开发能够促进学生掌握各种知识和技能的学习材料与教学情境,以满足不同知识类型和不同的学习者对学习条件的不同需求,由于教学系统的结构比较复杂,任何教学理论和教学技术又都具有一定的局限性,因此,教师在从事实际的教学活动和教学开发时,除了应该遵循教学设计的一般原理外,还应该结合自己的教学经验,充分发挥自己的创造性,以便体现教学的个性特点。

信息化教学设计要求教师在自己的教学中培养学生的高级思维能力,激励学生主动探究,通过课程问题来激发学生在教学活动中思考所学的内容。

信息化教学设计包括 8 个模块:单元教学目标分析,学习任务与问题设计,学习情境与学习资源设计,教学过程设计,学生作品范例设计,评价量规设计,单元实施方案设计,教学设计过程的评价与修改。

二、信息化教学设计的基本思想

建构主义认为,学生是认知学习的主体,是知识意义的主动建构者;教师是学生学习的帮助者和促进者,只对学生的学习建构起帮助、引导和促进作用;学习是学生获取知识的过程,但知识并不是通过教师直接传授得来的,而是学习者在一定的学习情境中,借助他人(包括教师和学习伙伴等)的帮助,并利用必要的学习资源,通过意义建构的方式而获得的因此,建构主义学习理论提倡在教师的帮助和指导下以学生为中心的学习,其学习过程主要包含情境、协作、会话和意义建构 4 大要素,教学设计更强调学习的主动性、社会性、情境性、协作性与开放性。

①"教学情境"必须有利于学生对知识内容的意义建构。基于建构主义学习环境的教学设计不仅要考虑教学目标分析,还要考虑有利于学生建构意义的问题情境创设,并把情境创设看作是教学设计的最重要的内容之一。

②"协作"活动发生在学习过程的始终。它对学习资料的收集与分析、学习假设的提出与验证、学习成果的评价直至学生意义的最终建构都具有重要作用。

③"会话"是达到意义建构的重要手段,是协作过程中不可缺少的学习环节。协作学习过程也是一个会话过程,在这个过程中,每个学习者的思维成果都能够为学习者

群体所共享,因此,会话是达到学生意义建构的重要手段之一。

④"意义建构"是学习的最终目的和归宿,是整个学习过程的终极目标,在学习过程中帮助学生建构意义,实质上是指通过教学情境来帮助学生对知识内容所反映事物的性质、规律以及该事物与其他事物之间的内在联系等达到较为深刻的认识和理解,并形成学生自己关于学科知识的认知结构。

与传统的教学设计过程相比较,建构主义教学设计更强调学习情境的创设、信息资源的设计与应用,以及对学习过程中"会话"与"协作"活动的设计,其教学评价自然也重视过程的会话与协作,以及学习者个体对知识意义的建构和理解建构主义和行为主义、认知主义指导的传统教学设计并不是相互取代的关系,这些教学理论分别解释了学习过程的不同侧面,在不同的学习情境下它们是互为补充的,建构主义对一些复杂的学习领域、高级学习目标的教学设计是比较适合的,可以在很大程度上适当弥补经典教学设计方法过分分离与简化教学内容的局限信息化教学设计是以多媒体和网络技术为基础,以设计教学情境和发展问题解决能力为核心的教学规划与组织过程。它强调学生是认知过程的主体,注重学习的主动探索和自主发现,目的是激励学生在信息化环境中通过协作、探究、实践、反思、综合、问题解决等高级思维活动,来培养学生的探索精神、创新意识和实践能力等。

信息化教学设计的基本思想是采用系统分析的方法。系统分析方法是运用系统理论的观点、方法,研究和处理各种复杂的系统问题而形成的方法。它侧重于系统的整体性分析,从组成系统的各个要素之间的关系和相互作用中发现系统的规律性,以此指明解决问题的一般步骤、程序和方法。在教学中采用系统方法,就是要将每个教学问题都放在教学整体中来考察。具体地说,一个教学系统应包含:前端分析(这又包括学习需要分析、学习内容分析和学习者分析),学习策略的形成与实施,评价及反馈等。在形成学习策略的过程中,我们可能会发现,由于前端分析的结果不相同,相应的学习策略也会有所变化。在这里,有两种可能的选择。一种就是将每一分析的结果与相应的策略分开,由使用者根据自己的情况和爱好来组合。后者就是信息化教学设计的指导思想。

三、教学设计的过程模式

教学设计模式是一套程序化的步骤,不同的教学设计模式包含的步骤会有所不同,但一般教学设计模式都包括一些基本的要素。这些共同要素可用 ADDIE(Analyze

分析、Design 设计、Development 开发、Implementation 实施、Evaluation 评价）模型来概括其一般特征，这便构成了教学设计的一般过程模式。

①分析。该阶段是其他教学设计阶段的基础这个阶段必须界定/确定问题的来源和可能的解决方案分析阶段的输出/结果通常包括教学目标和教学任务。这些输出又将作为设计阶段的输入。

②设计。在分析阶段的基础上，设计一个开发教学的策略，这个阶段必须概述如何达到教学目标设计阶段包括目标对象的描述、学习分析、写出目标和测试项目、选择传输系统和安排教学顺序：该阶段的输出是开发阶段的输入。

③开发。开发阶段以前两个阶段为基础。该阶段的目的是生成课程计划和课程材料，在该阶段，必须开发教学、教学中所应用到的媒体以及任何支持性资源。

④实施。实施阶段是指教学的实际传输，可以是课堂教学、实验室教学或计算机辅助教学，在这一阶段，必须促进学生对学习内容的理解，帮助其掌握学习目标，确保学生能把在教学情境中获得的知识迁移应用到实际的工作中。

⑤评价。这一阶段是检测教学的有效性和教学效率。评价可以是形成性的，也可以是总结性的，但它应当贯穿整个教学设计过程。形成性评价是在每个阶段实施过程中和阶段之间进行的评价活动．而总结性评价则是在实施教学计划之后进行的评价，其结果通常是最终分析教学得失、确定进一步改善策略或决定该教学计划是否继续运用的重要依据。

ADDIE 是一个适用于各种类型学习（包括基于网络的信息化学习）的教学设计的一般模型，传统教学设计模式经过几十年的深入研究与发展，已形成了一套比较完整、严密的理论体系，其可操作性强，目前仍是教学设计的主流'由于受到行为主义教学理论的深远影响，即便是比较重视认知设计的一些理论模式，通常也是更多地重视教师的"教"，因此，这种教学设计理论也常被称为以"教"为主的教学设计，这种教学设计的优点是有利于教师主导作用的发挥，有利于开展系统化教学，并具有较强的实用性和可操作性；其不足之处主要在于这种教学设计理论相对忽视了"学"的设计，学生学习的积极性和主动性受到一定程度的限制，学生的主体作用难以得到充分发挥。

四、信息化教学设计的特点

信息化教学设计主要是以建构主义理论为指导，建构主义指导教学设计的主要观点包括：在整个教学过程中以学生为中心，教师充当组织者、指导者、帮助者和促进者，利用情景、协作、会话等学习环境要素,充分发挥学习者的主动性、积极性和创造精神,最终达到使学习者有效地实现当前所学习知识的意义建构的目的。信息化教学设计有如下特点:

信息化教学设计以建构主义学习理论为指导,但不以抛弃行为主义理论为代价。

设计核心是教学过程设计,重视学习环境创设和学习资源的利用。

学习内容为交叉学科专题,强调综合性。

采用探究性学习、资源型学习和合作学习教学模式。

以教学单元为教学周期单位,教学单元或者是某章、某节,或者是围绕某一个主题而整合的相关学习内容。依据教学单元内容确定课时,而不是为了完成课时工作量去安排内容。

教学评价依据电子作品集,而不是依据终结性考试。传统教学中的教室(Classroom)概念将被工作室(Workshop)所替代:Classroom 是教师教学生的地方,而 Workshop 应该是教师指导学生探究性学习并制作产品的地方。

五、信息化教学设计的基本原则

在信息化教学设计中,要求以建构主义理论为指导,充分利用信息技术手段进行基于资源、基于合作、基于研究、基于问题等方面的学习,使学习者在意义丰富的情境中主动建构知识。信息化教学设计要求以建构主义理论为指导,充分利用信息技术手段进行基于资源、合作、研究等方面的学习,使学习者在意义丰富的情境中主动建构知识。

为此,可以将信息化教学设计的基本原则归纳为以下几点:

(1)以学为中心,注重学习者学习能力的培养。教师作为学习的促进者,引导、监控和评价学生的学习进程。体现学生的学习主体地位,注重信息化学习过程中学生探究能力的培养。

(2)充分利用各种信息资源来支持学生学习。

(3)以"任务驱动"和"问题解决"作为学习和研究活动的主线,在相关的有具体意义的情境中确定和教授学习策略与技能。重视在具有真实意义的相关情境中开展学习活动,并充分利用各种信息资源和技术工具支持学生的学习过程。

(4)强调"协作学习"。这种协作学习不仅指学生之间、师生之间的协作,也包括教师之间的协作,如实施跨年级和跨学科的基于资源的学习等。重视学习过程的社会性协作和交互活动。协作学习不仅是指学生之间、师生之间的协作,同时也包括教师之间的协作,以及重视对各种学习结果的社会性交流、讨论和共享。

(5)强调针对学习过程和学习资源的评价,注重过程性评价方式的应用,以评价来促进学生发展。

(6)教师作为学习的指导者主要致力于创设问题情境,组织学习活动,引导、监控和评价学习进程,并提供相应的学习资源和技术支持。

六、信息化教学设计过程

信息化教学设计过程一般由单元教学目标分析、学习任务与问题设计、学习资源与工具设计、教学过程与活动设计、学习案例与作品范例设计、学习评价量规设计、单元教学计划实施、学习评价、反思与调整等主要操作模块构成在整个教学设计过程中,对于各步骤的分析和操作通常是按照这样一个顺序进行的,但必要时也可以跳过某些步骤或重新排序教师应在掌握基本设计过程的基础上,结合自己所教学科的特点,因地制宜,创造性地加以灵活应用。

(一)单元教学目标分析

教师需要根据国家或地方课程标准.分析学生特征和课程学习的特点,在此基础上确定单元学习目标,明确将要在教学活动中解决的问题或任务这是信息化教学设计的起点。

(二)学习任务与问题设计

学习问题或任务(主题/项目)的确定应与单元目标一致,而且应具有趣味性、吸引力和挑战性,任务与问题应反映学科的基本概念、原理、规律或法则,应充分描述或恰当模拟呈现问题产生的情境,具体描述出问题可操控方面的因素,以便有利于学生进入问题情境、拥有问题意识或增强对任务的主人翁感。

教师要设计能够激发学生学习积极性的任务或问题,鼓励学生主动探究与合作。借助丰富多彩的实践活动来融合学科基础知识和技能的学习,融合各种信息工具和资源,将知识的学习和运用有机联系在一起,为意义建构提供必要的真实情境,注重学生创新思维和实践能力的培养。

(三)学习资源与工具设计

根据学习内容和任务主题的要求,教师要设计出相应的学习资源和技术工具,以便在教学活动中提供给学生,在学习资源和技术工具的设计过程中,教师应结合现有信息化条件，有机利用传统教学资源与技术条件；确定出各类学习资源的获取方式是由教师提供，还是由学生根据任务自行查找；明确各类技术工具的学习作用，尤其是信息化认知工具在学习过程中的应用要求等

信息化教学设计特别强调教师的信息素养，教师要具备信息获取、加工、整理与评价的能力，能够引导学生有效地利用资源来建构学习。学习资源和技术工具如果由教师提供，教师就必须提前寻找、收集并认真评价相关资源的学习价值，以确保学生获得可靠、有用的学习信息；如果规定学生自行查找．教师则应设计好信息资源查找和收集的目的、要求、策略等，以免学生在信息搜索过程中漫无目地浪费时间。

（四）教学过程与活动设计

教师要仔细设计帮助学生进行学习和探究的步骤．包括学习进程计划、教材分析与研究、学习活动方案和组织形式、课堂教学的日常开展，以及根据不同学生的差别设计出相应的教学策略和情境要求等，如告知学生在学习过程中如何开展探究活动、需要遵循哪些步骤才能完成任务等教学活动形式应该多样化，并将课堂教学、学校学习和网络化虚拟学习有机结合，将个性化学习、小组协作/交流学习和班级课堂教学统一协调，以便教学计划能够得以顺利执行。

（五）学习案例与作品范例设计

为了拓展学生的学习经验，教师需要为学生提供与主题学习任务有内在联系的各种学习案例或学生学习作品范例，学习案例要有利于唤醒学生已有的知识经验，并与学生已有的知识经验相关联案例必须能描述问题的复杂性，不能采用抽象化和简单化的案例来替代复杂化的问题。

如果没有现成的学习案例或作品范例可用，教师可以模仿学生来设计任务完成时的学习作品，教师设计学生作品的目的是给学生提供学习参考，更为重要的是，教师通过设计制作学生作品，可以加深对教学内容的理解．体会在教学中学生可能遇到的问题和困难，以便及时调整或修改教学计划，使教学设计能够更好地符合学生的学习情况。

（六）学习评价量规设计

评价量规是帮助教师进行教学评价的工具，教师需要根据教学目标制订出相应的评价标准，以便在教学中评价学生的学习过程和学习效果学习评价量规应当建立在教师和学生共识的基础上，量规的选择与创建必须具有科学性，应该符合对学生预期的

学习结果和形式，符合课程或单元学习目标、主题任务、学习者心理特点的需求，学习评价量规应该事先提供给学生，以便使每位学习者都知道教学要求和学习结果，从这个意义上说，评价量规工具也是学生进行学习活动的指导原则。

（七）教学单元计划实施

根据教学设计方案，教师可以制订出切实可行的教学计划和活动方案在课程或单元教学计划的实施过程中，教学计划可以根据实际的教学情形不断进行调整在教学方案的实施过程中应该体现学生的自我管理和组织参与，教师应该为学生提供适当的策略建议、咨询帮助、学习指导和心理激励等。

（八）学习评价、反思与调整

教学设计的各个环节都需要对设计工作进行评价和反馈．并随时调整教学过程的各个环节，评价、反思与调整应该贯穿于信息化教学设计过程的始终，在教学设计方案实施的过程中，教师应适时组织学生展示学习结果（作品），并说明结果产生的过程；按预定的学习量规开展自我评价、同伴评价、教师评价或外部评价；为学生创建一个学习过程自我评价表，以便学生检视自己的学习过程，并根据评价结果反思学习得失．改进学习策略或调整学习活动等。

七、信息化教学支撑材料

信息化教学设计必须考虑多方面的学习支持，教师应该为学生提供各种支撑材料作为开展学习活动的支架学习支撑材料的形式并无一定之规，随学习任务不同、支架目的不同而变化，它一般包括与任务主题相关的参考资源、作品范例、评价量规、学习支持和认知工具等。

（一）课程学习的参考资源

信息化教学倡导以学生为中心的教学理念，教师要尊重学生的学习自主性，在学生学习的过程中，教师通常只是"平等中的首席"。然而在缺乏指导的学习中，学生可能会因受挫而失去深入探究的兴趣，也可能因错误线索的引导而偏离预期的方向。教师在设计教学过程时必须考虑多方面的学习支持，并提供各种相应的支撑材料作为信息化学习的"支架"。通过创建学习支撑材料，教师不仅可以为学生提供学习所需的资料或资料调研的方向，还可以用来指导学生问题探究的方法以及表达教学要求和学习期望等。

教师提供的参考性学习资源一般包括：符合课程主题和学生特点的学习材料；反

映相关史实的参考性信息资源；代表不同认识观点的信息材料；可通过电子邮件取得联系的专家；各类交互式信息与视听媒体资源；传统的书籍、杂志、文献资源和一些网络资源链接等丰富的学习资源可以在问题探究的过程中将学生思维不断引向深入。对于学生完成学习任务所必需的信息资源，教师应该进行适当的选择、组织或设计，以避免学生搜集信息时在网上盲目"冲浪"，导致浪费精力或忽略学习目标教师可按学习者不同的探究水平来考虑信息和资源加工的深度、物理分布的形态等，总之，信息资源的提供既要考虑学习的需要、学生的认知特点，又要考虑学校的现有条件，并充分利用当地的图书馆、博物馆、社区、家长等资源。

（二）学习支持工具

信息化教学环境下常用的学习支持工具主要有认知工具、协作与交流工具、学习建模工具、效能工具与知识管理工具等。

1.认知工具

认知工具的概念来自认知心理学领域,广义地说,它包括一切能够支持、引导和扩展用户思维活动过程的智力方法或技术设备,可以看出,认知工具分为两种：一种是有形的认知工具即技术设备,如铅笔、黑板、投影等；另一种是无形的认知工具,即智力方法,它包括一系列的认知策略,如语义网、元认知等它最主要的特征就在于简化人类的学习任务,使学习者更有效地学习。认知工具在帮助和促进学习认知过程,培养学生批判性思维、创造性思维和综合思维过程中起重要作用。它可以帮助学习者进行信息与资源的获取、处理、编辑、制作等,有利于学习者方便地表述知识问题或思维过程,或者通过其自动功能替代完成一些低级任务或减轻某些认知活动（如计算工具）等,并可用其来更好地表征自己的思想或与他人通信协作等。

任何工具如果使用得当都可能成为认知工具；反之,即使很先进的技术或软件系统,如果运用不当也不会起到认知工具的作用,如使用一个虚拟实验室系统时,如果学生只是按照教师拟订的步骤完成实验,虚拟实验室就没有起到认知工具的作用。只有让学生自己主动设计方案并通过系统去实现时,虚拟实验室才起到了认知工具的作用。认知工具的设计关键不仅在于工具种类的选择,更重要的是工具使用方式的设计。学生在学习过程中由于背景知识、学习习惯和能力、认知风格等有明显差异,因此,学习需要的认知工具也不相同。教师应提供多种具有开放性、探究性的认知工具,以适应不同学生的学习需求。

2. 协作与交流工具

学习者之间的协作与交流不仅有利于知识建构、认知的发展，也有利于学习者情感的发展，因此，在学习中，教师要为学习者设计并提供支持交流与协作的工具，以便学习者与同伴进行问题讨论、共享信息资源，寻求教师、学科专家的帮助和指导等如支持同步交流的电话、传真、聊天室、视频会议系统等；异步交流工具如 E-mail、留言板、短信、Blog 等。

3. 学习建模工具

学习建模工具是指根据知识的内在系统原理，利用计算机建造出系统模型，供学习者学习知识时使用以提高对知识的理解力的各种工具，这些工具允许学习者建构模型或对象，再为验证参数而对模型或对象进行操作，如几何画板、互动物理等，都可以用来帮助学生观察、探索和发现对象之间的数量变化关系与空间结构关系。

4. 效能工具与知识管理工具

效能工具是指能帮助学习者提高学习效率的工具，如文字处理软件和 WPS2000）、作图工具、帮助系统、搜索引擎、Notespad 等知识管理工具是指帮助学习者对知识进行管理的工具，如网络日志（weblog、blog）和电子学档（E-Portfolio）是学习者进行知识管理的好帮手。当然，很多支持学习的工具性软件并不只具备一方面的功能，如数据库软件既可以作为效能工具，又可以作为认知工具使用，

（三）学生学习作品范例

范例是符合学习目标要求的学习成果（或阶段性成果），往往包含了在特定主题的学习中最重要的探究步骤或最典型的成果形式，如教师要求学生通过制作某种电子文档（多媒体演示文稿、网站、新闻稿等）来完成学习任务时，教师可以展示前几届学生的作品范例，也可以从学生的视角自己制作范例来展示好的范例在技术和主题上会对学生的学习起到引导作用范例展示可以避免拖沓冗长或含糊不清的解释，帮助学生较为便捷地达到学习目标学习作品范例是为了让学生了解学习成果的形式和要求．教师在提供范例的同时要强调它只是为学生完成学习作品提供参考，是对学生的一种启发，要鼓励学生创新而不是用范例来"框"住学生的思想。另外，范例并不一定总是电子文档等有形的实体，还可以是教师操作的技巧和过程。在展示非实体的范例时，教师可以边操作边用语言指示说明，对重要的方面和步骤进行强调。

教师制作学生作品范例时应注意以下问题：

①在创建过程中应随时提醒自己是以学生的身份、用学生的思路和语言来设计报

告,而不是以教师授课的角度和思路来设计报告。

②学生作品范例创建应注意技术应用和学生学习之间的明显联系,技术应用应成为学生学习过程中的一个有机组成部分。

③使学生作品范例能够支持高级思维能力。由于学生作品范例实际上是为学生的学习活动进行导向,因此,教师在创建范例时,应注重思维技能由低级向高级提升,引导学生在活动中将注意力集中到分析、综合、评价等高级思维上。

④界面设计简洁,重在学生研究的内容、过程、思路和个性化的研究结果的设计,尤其不能忽略内容和思想的设计与构思,而不是注重界面设计的精美。

⑤学生作品范例应达到拟订的学习目标,在内容和设计方面应符合教师对学生的最低要求。

(四)学习评价量规表

评价量规表包括对教学活动展开过程中学生的表现(主要是课堂参与、协作学习过程中对小组的贡献、完成任务的情况、学习过程的态度与兴趣)、学生的作品等进行评价的具体项目及标准,包括课堂观察表、学生互评表、自评表、教师评分表等,评价量规表作为一种可参照的等级量表,在学习过程中对于学生具有行为的参照性,有利于学生在探究的过程中自主调节自己的行为,它是学生完成学习活动的基础性目标。

八、信息化教学设计的评价

信息化教学评价是教学设计中一个极其重要的部分。它是为了了解教学设计目的是否达到,并为修正教学系统设计提供实际依据。一个信息化教学设计是否成功,应从以下几个方面进行评价:

1. 是否有利于提高学生的学习效果

(1)学习目标是否明确,表述是否清楚。

(2)是否所有的学习目标都符合相关的课程标准。

(3)设计中是否考虑到学生的个体差异,并明确说明如何调整成效标准以适合不同的学习者。

(4)教学设计是否能激发学生的兴趣,符合学生的年龄特征,并有利于学生的学习以及高级思维能力的培养,是否有利于学生信息处理能力的培养。

2. 技术与教学的整合是否合理

(1)技术的应用和学生的学习之间是否有明显的关联。

（2）技术是否是使教学计划成功的必不可少的一部分。

（3）把计算机作为研究、发布和交流的工具是否有助于教学计划的实施。

3. 教学计划的实施是否简单易行

（1）教学计划是否可以根据具体教学情况的差异很容易地进行修改，以便应用到不同的班级。

（2）教师是否可以比较轻松地应用教学计划中所涉及的技术，并获得相应的软硬件支持。

4. 是否能够有效评价学生的学习

（1）教学计划中是否包括一些评价工具，用于实际的评价和评估。

（2）学生的学习目标和学习成果评估标准之间是否有明确的关系。

第二节 信息化教学目标的设计

教学目标是对学生通过教学以后应该达到的行为状态（变化）的一种明确而具体的表述。在编写教学目标之前，必须了解教学目标的分类体系。

一、教学目标的分类

布鲁姆等人把教学目标分为认知、动作技能和情感三个领域，然后再把每个领域按照从低级到高级的顺序分成不同的层次，从而形成了一个完整的目标分类体系。

认知学习领域包括有关信息、知识的回忆和再认识，以及智力技能和认知策略的形成。按智力特性的复杂程度可以将学习目标分为知道、领会、运用、分析、综合、评价六个等级。

动作技能涉及骨骼和肌肉的使用、协调与发展。动作技能学习领域的目标被分成七个等级，即知觉、准备、有指导的反应、机械动作、复杂的外显反应、适应、创新。

情感学习与培养兴趣，形成或改变态度，提高鉴赏能力，更新价值观念，建立感情等有关，是教育的一个重要方面。情感学习领域的目标依照价值标准内化的程度可以分为五个等级，即接受（注意）、反应、价值判断、组织、价值与价值体系的性格化。

在这三个领域的分类中，目标从简单到复杂逐级递增，每个目标都建立在已经达到的前一个目标的基础之上。大多数的学习都是同时包含了三个领域的目标成分，只不过具体到某一门课程或某一节课，其中某一个领域的目标成分略多一些罢了。

二、布鲁姆认知领域的教育目标分类法

布鲁姆认为，教学的质量首先表现为对教学任务目标的表述是否清晰，每个学习者是否都清楚自己将要学什么。布鲁姆通过教学目标分类的研究，对于教学目标的表述有其"行为界定"。布鲁姆认为表述得当的目标，可以表现为一种清楚的行为，通过该行为是否具备的测定，可以了解其达标的程度。

在"掌握学习"模式中，教育目标分类依据布鲁姆的教育目标分类学分作认知、操作和情感三大类。在认知领域又分作知识、领会、应用、分析、综合、评价六个目标类型，这六种类型自下而上呈递进关系。

1. 知道

也称知识,指对先前学习过的知识材料的回忆,包括具体事实、方法、过程、理论等的回忆。知道是这个领域中最低水平的认知学习结果,它所要求的心理过程主要是记忆。

2. 领会

指把握知识材料意义的能力。可以借助三种形式来表明对知识材料的领会:一是转换,即用自己的话或用与原来的表达方式不同的方式来表达所学的内容;二是解释,即对一项信息加以说明或概述,三是推断,即预测发展的趋势。领会超越了单纯的记忆,代表最低水平的理解。

3. 应用

指把学到的知识应用于新的意境。它包括概念、原理、方法和理论的应用。运用的能力以知道和领会为基础,是较高水平的理解.

4. 分析

指把复杂的知识整体分解为它的组成部分,并理解各部分之间联系的能力。它包括部分的鉴别、分析部分之间的关系、认识其中的组成原理。例如,能区分因果关系,识别史料中作者的观点或倾向等。分析代表了比运用更高的智力水平,因为它既要理解知识材料的内容,又要理解其结构。

5. 综合

指将所学知识的各部分重新组合,形成一个新的知识整体。它包括发表一篇内容独特的演说或文章,拟定一项操作计划或概括出一套抽象关系。它所强调的是创造能力,形成新的模式或结构的能力。

6. 评价

指对材料(如论文、小说、诗歌、研究报告等)作价值判断的能力,包括按材料的内在标准(如组织)或外在的标准(如与目的的联系)进行价值判断。例如,判断实验结论是否有充分的数据支持。这是最高水平的认知学习结果,因此它要求超越原来的学习内容,并需要基于明确标准的价值判断.

三、理解的六个侧面

"知识"和"基于知识的理解"两者之间的关键不同就是后者是不确定的、可迁移到新情境中的,并可改造成新的理论。纯粹的知识可以是死记硬背的,它就像是一种正确的信仰,而不是真知灼见。那种只强调记忆、回忆的知识观与包含理解、洞察的知识观完全不同,后者才是"真正地知道"或"真正的知识"。哈佛大学心理学家、教育研究者 Howard Gardner 提出,理解的真正行为表现只出现在"学生能够接受这些信息和技能……并将它们灵活、适当地应用到一个新的或者至少是某种程度上从未预料到的情境中"的时候。

基于知识的理解应该是多侧面的,即一个成熟的理解应该包括以下六个侧面:解释、阐明、应用、洞察、神入和自知。如果一个人要真正地理解,他就应该做到这六个侧面的要求(见表4-1)。

表4-1 知识理解的多面性

侧面	解说
解释	能够对事件、行为和观点等进行恰当准确的解释和推理
阐明	说明、解说、转述,从而阐明某种意义
应用	在不同情境中有效利用知识的能力
洞察	具有批判性思维的洞察力
神入	进入其他人情感和世界观内部的能力
自知	知道自己无知的智慧,知道自己的思维模式和行为是如何达到或妨碍了理解

四、促进学生高级思维能力的形成

为了促进学生高级思维能力的形成,在信息化教学设计中,将注意力集中在布鲁姆目标分类中的分析、综合和评价上。应该精心设计问题和活动以便激励学习者,使其思维技能由低级向高级提升。

为了促进高级思维学习,在问题设计过程中要把握如下几点:

问题设计与学科教学内容联系;

问题设计不是对知识点的简单回忆或复述;

问题设计与学生的生活实际相关;

问题设计形成逐步深入的认知阶梯;

问题设计能够引起学生的兴趣;

问题设计能够涉及多学科的复杂情景;

问题设计对学生有新奇性;

问题设计与学生过去的生活经验联系;

使用学生的语言;

评价工具能够反映所设计的问题。

关于高级思维学习的问题设计,我们将在下一节中详细讨论。

第三节　信息化教学中单元框架问题设计

一、问题设计的意义

我们应如何设计单元和课程,才能帮助学生发展他们的理解能力?又应该如何重新组织大量知识,才能使之吸引学生,帮助他们全神贯注地进行探究学习?

一个关键的设计策略就是围绕着知识诞生的原始情境中发生的问题来建设课程,而不是教给他们课本中现有的"专家"答案。如果不让学生提出并探究一些具有普遍意义的问题,那么他们只能接触一些相互脱节的活动,导致对重要的概念认识肤浅。如果我们不围绕此类问题进行教学,那么教学活动便成为表面的、盲目的行为。

著名哲学家伽达默尔论及提出问题的重要性时曾说过,"我们可以将每一个陈述都当作对某个问题的反应或回答,而要理解这个陈述,唯一的办法就是抓住这个陈述所要回答的那个问题。"在传统的教学中,学生们得到的正是这些"陈述",而没有机会"抓"住这些陈述所要回答的问题。由于学生缺少机会将知识与具体的问题情境联系起来,而且,事实性知识也没有为学生的高级思维能力提供必要的训练机会。因此,用传统教学模式培养出来的学生可能拥有丰富的知识,但却缺乏解决具体情境中新问题的能力准备,更没有发现问题的敏感与习惯。

问题在世界上是普遍存在的,人类社会的历史正是在不断发现问题,又不断解决问题的螺旋上升的过程中发展前进的,我们必须把知识得以产生的"问题"还给学生。

教学实践也证明,提问可以在学生学习过程中产生的连锁反应:

能促进学生自主学习,帮助学生提出更多的问题;

学生对问题的解决很感兴趣,他们将成为更加主动的自主学习者;

学生可以看到传授给他们的知识和所处世界的联系—他们会改变对于教育的看法。

二、单元框架问题设计模式

围绕单元主题和内容,设计框架问题对于学生把握所学单元的整体脉络是非常有效的,课程框架问题是整个单元教学的框架,框架问题又分为基本问题、单元问题和内容问题。信息化教学实践告诉我们,框架问题的设计水平直接关系到信息化教学的完成水准,课程框架问题的设计是整个单元教学设计的关键和难点。

1. 框架问题说明

(1)在图中,基本问题是最高级的、最抽象的开放问题;基本问题是大问题、大观点;基本问题是为一组或所有课程服务的一个概括性的概念框架,基本问题覆盖很多领域和学科的单元问题,我们设计的单元只是它的其中一个分支。

(2)单元问题也是一个开放式的问题,但它与特定的主题或单元学习相关。单元问题支持基本问题的学习及继续探究。单元问题覆盖单元中很多具体的问题,即内容问题。

(3)内容问题直接支持内容标准和学习目标,内容问题在单元材料中可以找到特定的"正确"答案。

2. 基本问题、单元问题与内容问题的特点比较,见表4-2

表4-2 基本问题、单元问题与内容问题的特点比较

基本问题	单元问题	内容问题
指向学科的核心 在某一领域的发展历史和人们学习过程中自然的重演 孕育了其他重要问题	为基本问题提供了学科特定及主题特定通道 没有明确的"正确"答案 是为了激发和维持学生的兴趣而精心构造的	直接支持学习内容 大多涉及的是事实而不是对事实的阐释 都有明确的答案
举例		
什么是健康的生活?	营养均衡的饮食意味着什么? 什么是健康的饮食? 对某人来讲是健康的饮食,对别人有可能是不健康的吗?	食物金字塔里有哪些种类? 每天我们必须摄入哪些食物?

三、关于基本问题

1. 基本问题的内涵和特征

用什么类型的问题来引导教学,才能让学生致力于揭示处于各学科核心位置的重要概念呢?现有教科书上的内容,实际上只是一些现成答案。那么,这些答案究竟是回答哪些重要问题的呢?如"科学发明是在不断发现问题又不断解决问题的过程中得以产生的"是一个答案,而使此答案得以产生的问题是哪些?仍以"科学发明"为例,这样的问题或许是:科学发明的一般发展规律是什么?

请看下列一些问题:

地球上的资源(如食物、石油、水等)能够用多久?

人类历史是一个进步的历史吗?

你的生活健康吗?

你是怎样看待爱情与生命的?

这些问题是不可能用一两句话就回答清楚的,而这正是这些问题的意义所在。为了达到持久性的理解,我们必须利用更具挑战性的、深层次的问题来揭示一个学科内涵的丰富性和复杂性。我们称此类问题为"基本问题",因为它们直接指向学科的核心思想和探究关键。

基本问题应该是有趣的并能吸引学习者的注意,它是有意义的并且能够激发好奇心,为学生提出一个合理的挑战。思考基本问题需要高级思维技能,基本问题是开放的,不是"非此即彼"的,没有现成的答案。基本问题能引起学生对观点的深入探究,.引发认知冲突。

设计基本问题要注意不应该要求学生回答"是"或"否",学生不能够通过从现成的文档中拷贝或解释即能回答问题。如果不形成事实间新的联系,而仅仅罗列事实是不足以回答基本问题的。

2. 信息化教学中设计基本问题的意义

设计基本问题,可以帮助学生获得更高水平的认知技能,因为学生在思考和试图解决基本问题时需要比较、解释、综合、评价等。另外,设计基本问题可以确保学生的项目是有意义的,可以超越对事实的简单陈述,使学习聚焦在重要的主题上并与其他学科、其他主题联系起来。设计基本问题可以激励学生继续探寻人类历史上曾经问过的问题,由于基本问题具有可迁移性,设计基本问题可以实现学生针对其他领域和学科,自己提出感兴趣问题的教学目标。

3. 设计基本问题的方法

在设计教学单元主题时,教师应该思考这个主题为什么重要,为什么值得我们去教,思考学者与专家始终在追问的引人注目的问题。人类是怎样获得我们现在想传授给学生的知识的?为什么世界是这样的?这个主题是怎样和"真实世界"契合起来的?怎样将它与学生的生活联系起来?

在书写基本问题时,把握以下几点:

• 更多地以"怎样"和"为什么"的形式,尽量少用"是什么"…"谁"和"什么时候"的形式。应该远离那些寻求明确定义和理解简单过程的问题。

• 如果单元问题和基本问题使用同样的关键词,那么基本问题有可能无法涵盖其他的单元问题,如单元问题是"如何保护水资源",基本问题如果是"水资源还能维持人类生存吗?",就不如"人类能够持续发展下去吗?"更妥当。

• 思考这个问题是否只有一个或一组正确的答案,如果是这样,它就不是一个基本问题。比如,什么是青蛙的生物链?爱因斯坦是谁?都有明确答案。

• 是否要花时间去完全理解和回答这个问题?这个问题是否是科学家、哲学家和诗人正在研究的问题?如果是,你可能发现了一个好的问题。

四、关于单元问题

基本问题尽管具有穿透力或挑战性,但并非总能作为切入具体论题的成功通道。对学生来说,这些问题可能太宽泛、太抽象,甚至不着边际。因此需要比较具体的问题来引导和指导特定单元的研究工作。

单元问题是学科特定和主题特定的,因此更适合于框定具体知识和特定研究,并可能导致更为微妙的基本问题。在课程学习中所提出的多个单元问题将有助于探究一个基本问题的不同侧面。由不同学科教师组成的团队将利用自身学科相关的单元问题支持一个共同的、统一的基本问题。

单元问题的特征:

• 为基本问题提供了学科特定及主题特定通道。单元问题框定一组具体的课程单元,设这些问题的目的是为了通过具体主题和学科的"透镜"来指向和揭示基本问题。举个例子,"科幻小说是伟大的文学作品吗?"是一个单元问题,可以用来引导某节语文课的探讨活动。"'好读的书'就是好书吗?"是一个基本问题,整个学区或整个学校的语文教师都会讨论这个问题。

• 没有明显的"正确"答案。单元问题是开放性的,这意味着它们有多种研究和讨论的路线。它们能够揭示而不是掩盖学科的争论、疑点或前景。它们的目的在于引发讨论,提出新的问题,而不是诱导学生得出教师预期的"那个"答案。

• 是为了激发和维持学生的兴趣而精心构造的。凡是设计得好的单元问题都能起到激发学生思维的作用。这些问题通常把逆向直觉、思维激发和争论作为吸引学生投入持续探究的手段。这些问题应该是充分开放的,能够适应各种兴趣和学习风格,使学生可以得出连教师也未必能考虑到的独特答案和创造性方法。应当指出,基本问题和单元问题之间的区别并不是绝对的,它们的界限不是泾渭分明的。相反,它们好像落在某一连续体上的影子一样,没有明确界限。不要纠缠一个给定的问题是基本问题还是单元问题,而应该把注意力放到它的更大作用上,即框定学习范围,吸引学习者,与更具体或更一般的问题相联系,对于探索和发现重要概念有引导作用等。图3-7中显示的是基本问题与单元问题的关系模式。

五、关于内容问题

不容忽视的是，所有的能力培养都是在必要的.事实性知识积累的前提下才能达到。指向事实性知识的问题，我们称为内容问题，这类问题为学生研究单元问题，并进而探究基本问题打下知识基础。

内容问题有如下特点：
- 内容问题直接支持学习内容；
- 内容问题大多涉及的是事实而不是该事实的阐释；
- 内容问题都有明确的答案。

以下是一些典型的内容问题：
- 火山是怎样形成的？
- 什么是光合作用？
- 长方形面积公式是什么？
- 我们怎样解出该方程式中未知数的值？
- 能量转化有几种形式？
- 这篇课文中运用了哪几种修辞方法？

第四节　信息化教学策略的设计

在现代教育理论,特别是建构主义理论指导下,目前已经开发出的,比较成熟的策略有任务驱动式教学、支架式教学、抛锚式教学、随机进入教学、基于项目的教学和探究性教学。

一、任务驱动式教学设计

1. 任务驱动式教学模式简介

所谓"任务驱动式"教学模式,就是让学生在一个个典型的"任务"的驱动下展开教学活动,引导学生由简到繁、由易到难、循序渐进地完成一系列"任务",从而得到清晰的思路、方法和知识的脉络。在完成"任务"的过程中,培养分析问题、解决问题以及用计算机处理信息的能力。在这个过程中,学生还会不断地获得成就感,可以更大地激发他们的求知欲望,从而培养出独立探索、勇于开拓进取的自学能力。所谓"任务",简单地说就是需要通过某种活动完成的某件事。

2. 任务驱动式教学模式的优点

(1)有利于发展学生的能力,包括发现问题的能力、制定计划的能力和解决问题的能力。

(2)教师的角色发生了变化。突出了解决问题的重要性,学生的注意力不再集中在教师身上,教师成了学生的学习合作者和教练。教师不是一味灌输知识,而是注重发展学生智力和培养学生的创造力,符合当代教育的发展趋势。

(3)给学生们更多掌握和使用技术的机会,让学生在"做中学",提高他们学习的兴趣和学习的主动性,体现学生的首创精神。

(4)鼓励学生进行团队合作,评审他们学习或设计成果并共同解决问题,以此促进竞争意识的形成。

(5)使学生能根据自身行动的反馈信息来形成对客观事物的认识和解决实际问题的方案,实现自我反馈。

(6)以网络为平台,为师生提供多种信息通道并实现协商学习、探究学习和个性化学习。

3.任何教学策略都不会是完美无缺的,都在于教师有效地控制和把握

(1)系统地构建教学情境。任务驱动式教学模式基于计算机网络平台,除了完善网络连接,还应安装电子教室软件,以便教学广播或监测学生操作情况。有条件的话,可以安装大屏幕,这有利于教师重播操作演示,帮助操作水平较低的同学,也有利于学生展示自己的作品,共享学习成果。多准备一些范例和素材,教师机或服务器安装更多的范例有助于学生开阔视野和发散思维,也有利于提升学生的评价能力。

(2)不要"虚构"任务。所设计的任务对学生来说应该具有实际意义,是真实的或接近真实的,而不是"纯属虚构"的问题。对于理科学生来说,安排一个"弹簧振子"动画设计任务与安排"一只青蛙跳来跳去"的动画任务相比,前者更能激发学生主动探索的欲望。

(3)任务要有伸缩性。所设计的任务既要接近同学现有的能力,保证更多的同学有成就感,同时还要安排一些具有挑战性的任务,以满足高水平的同学。另外,最好把一些任务在课前预先安排给学生,激励学生利用一部分课余的时间去探究,提高教学时间的利用率。

(4)注重知识体系的完整性。任务驱动式教学模式容易导致知识体系不完整,使得学生更多地注重完成任务而迷失了学习方向。由此,教师应该不断提醒学生学习的总目标以及现在所处的位置,可以利用大屏幕展示学习的路线图,并安排专题讲座以补充理论知识的不足。教师也可以通过定期给同学们发放资料的方式使同学们在头脑中有个比较系统完整的理论框架。总之,在利用建构主义理论时,不应抛弃行为主义理念。

(5)关注不同层次水平学生的不同需要。由于教师的角色发生了变化,学生的注意力不再集中在教师身上,因此,教师有机会关注那些不积极主动或性格内向的学生,以免他们在课上因困惑而无事可做,产生消极情绪。也可以采取结对学习的方式,安排水平较高的同学与水平较差的同学在一组,合作学习。

(6)适时安排教学演示。教师必须动态把握教学进程,注意观察,当更多的学生因为相关知识的缺乏而束手无策时,就应该讲解演示。此时,同学们会热情高涨地倾听,所学的相关知识由此立竿见影,原因很简单:学生通过尝试错误,迫切需要求解。

二、支架式教学设计

"支架"原为建筑术语。伍德最先借用这个术语来描述同行、成人或有成就的人在

另外一个人的学习过程中所施予的有效支持。普利斯里等人的定义是：根据学生的需要为他们提供帮助，并在他们能力增长时撤去帮助。

当学生在学习新知识的或完成困难的任务时，教师为他们提供帮助的各种材料，都属于学习支架。教师应该注意，当证明学生开始掌握任务，要逐渐减少对学生的帮助和支持，直至撤去这种帮助和支持，使学习的责任由教师向学生转移。

学生在利用教师所提供的支架学习时，可根据自己的需要对支架进行修改，而且学生应该学会创建自己的支架，从而成为独立的学习者，学生通过自己的设计会使学习更为有效。

2. 支架的作用

组织和帮助学生开展调查和研究，防止学生在开展项目活动中寻求"真理"时偏离得太远。学习支架让学生经历了一些更为有经验的学习者（如教师）所经历的思维过程，有助于学生对于知识，特别是隐性知识的体悟与理解。学生通过内化支架，可以获得独立完成任务的技能。

保证学生在不能独立完成任务时获得成功，提高学生先前的能力水平，帮助他们认识到潜在的发展空间。

对学生日后的独立学习起到潜移默化的引导作用，使他们在必要的时候，可以通过各种途径寻找或构建支架来支持自己的学习。

值得强调的是，好的支架不是目标，如果在没有支架的情况下，学习者不能完成任务或制作作品，那么我们培养的只是依赖型学习者。支架的目标应该是培养有能力的、自信的学习者，对自己的学习目标具有明确的方向，能够开展有效的学习，能够进行自我评估。

3. 支架从应用上分类

（1）范例：范例是符合学习目标要求的学习成果（或阶段性成果），往往含纳了特定主题的学习中最重要的探究步骤或最典型的成果形式。好的范例在技术和主题上都会对学生的学习起到引导作用。范例并不一定总是电子文档等有形的实体，也可以是老师操作的技巧和过程。

如在学生创建网站之前，展示教师制作的学生网站或以前的学生优秀作品，可以起到支持学生学习的支架作用，另外，教师演示网站的创建步骤，也属于学习支架。

（2）问题：问题是学习过程中最为常见的支架，相对"框架问题"而言，作为支架的问题的系统性较弱，同时更加关注细节与可操作性。

如学生在比较全国各主要城市的安全性时，不知该从哪个方面入手。教师问：各个城市的犯罪比例是多少?在过去的10年间是如何变化的?又如学生在探讨创建交互式网站的意义时,教师问:为什么大家更喜欢网上聊天而不喜欢简单地浏览网上信息?简单地倾听教师讲授与互动式学习相比,哪个方法更容易激发你的学习兴趣?

(3)指南/向导:教师在教学中的建议、指导和引领,可以在学生探究学习中起到导航作用,可以少走弯路,避免不必要的麻烦。

(4)表格:用二维表格的形式对信息进行整理,或为学生的整理与分析提供框架。如在学生编写童话故事时,教师提供故事图模板让学生填写,为学生的写作起到支架作用。

另外,概念图作为一种教的技能,已经被许多的教师掌握和应用,并取得了很好的效果。同样,概念图也能以适当的方式传授给几乎所有的学生,成为学生学习的技能。

国内外的研究者都发现,概念图作为一种教的策略,能有效地改变学生的认知方式,大幅度提高学生的学习成绩,切实地提高教师的教学效果,特别是在科学学科教学中,如生物教学中,效果十分显著。概念图作为一种学习的策略,能促进学生的意义学习、合作学习和创造性学习,最终使学生学会学习。对学生来说,概念图能促使他们整合新旧知识,建构知识网络,浓缩知识结构,从而使学生从整体上把握知识。概念图还可以作为一种认知策略,提高学生的自学能力、思维能力和自我反思能力。

三、基于项目学习的设计

1. 基于项目学习的含义

项目是科学管理领域中一个十分复杂的概念,从组装一台电脑到建造一座房屋,从三峡工程到"神舟"五号等,都可以看作项目。项目一般是指在特定时间内,为了实现与现实相关联的特定目标,把需要解决的问题分解为一系列相互联系的任务,以便群体间可以相互合作,并有效组织和利用相关资源,从而创造出特定产品或提供服务,包括物质产品、创意、简报、发明或建议等多种形式。

把项目应用于教学领域,则形成了基于项目的学习方式。"基于项目的学习"对应的英文翻译是 Project-based learning,简称 PBL。基于项目的学习强调运用学科的基本概念和原理,从真实世界中的基本问题出发,通过组织学习小组扮演特定的社会角色并借助多种资源开展探究活动,在一定时间内解决一系列相互关联着的问题,并将研究结果以作品形式推销给社会成员。

在教学过程中,只要我们善于发现,其实许多学科都可以设计出一些好的基于项目的学习案例。如中小学都经常召开运动会,这里我们选择"运动会"为主题,以语文学科为例,进行基于项目的学习设计,设计的基本思路是语文学科的学生如何在运动会项目中发挥作用。

2. 基于项目学习的特点
- 实践项目贯穿于学习过程的始终,有效地激发学生学习的内在动力。
- 实践项目与社会的实际应用紧密联系,使学生真正感受到学以致用。
- 在项目学习中真正体现了教师的主导作用和学生的主体地位。
- 在实施过程中,鼓励学生使用课本以外的资源;学生之间开展协作学习、讨论交流,从而使学生进入一个更良好的学习情境氛围。
- 通过项目的成功制作,.使学生获得成功的体验,培养理论与实践的综合应用能力,真正做到全面提高学生的综合职业素质。
- 从真实世界中的基本问题出发,通过组织学习小组扮演特定的社会角色并借助多种资源开展探究活动,强调运用学科的基本概念和原理,在一定时间内解决一系列相互关联着的问题。
- 将结果以作品或产品的形式表现出来。

3. 基于项目学习中教师的教的行为转变
- 从旁引导,教师不再是讲台上的圣人。
- 更多指导和示范,较少说教。
- 更多与学生一起发现,较少作为专家。
- 更多跨学科思维,较少专业化。
- 教师对学生更多基于绩效的评价,较少基于知识的评价。

4. 基于项目学习中学生的学的行为转变
- 由被动地遵从命令转换为自我导向学习.
- 由依赖教师逐渐形成自主学习。
- 从简单的记忆与重复变为发现、整合和展现。
- 不再是倾听和反应,而是更多的交流和承担责任。
- 从关注结果转化为关注过程。
- 既有理论学习,又有理论应用。

5. 如何寻找项目
- 与生活最相关的和最近发生的事件。
- 当今世界和历史上面临的重大问题。

- 须在课程中涵盖的主要内容或观点。
- 教师要仔细选择核心问题,以便保证学生学习课程框架规定的内容。
- 让教学内容引导教学活动。
- 从已有的课程开始并进行改编。

6. 设计项目的几个原则

- 目标性原则:设计的项目和任务应紧紧围绕着教学目标,既含有学生已有的知识和技能,又涵盖将要学习的新知识和技能。
- 可行性原则:保证学生在有限的时间内经过自主和协作学习能够完成任务。
- 趣味性原则:设计的项目要符合学生的心理特征,满足情感的需要。
- 实用性原则:设计的项目要结合其他学科,要与实际生活、生产及当前科研实际紧密联系起来。
- 开放性原则:给学生充分发挥创造、发展和想象的空间,并使学生能举一反三,触类旁通。

第五节　信息化教学情境的设计

一、情境设计的意义

我们都意识到环境对于个体学习的重要性，无论是孟母三迁，还是我们的切身体验，都可以印证这一点。在商业中，人们花费了很多金钱和时间用于创造出能够促进某一特定行为的环境，是因为如果建筑物的环境不能鼓励和支持商家所期望的行为，雇员和顾客就不会以有助于商业利益目标实现的方式行动。然而，在教育中，除了幼儿园可能是例外，教育却很少关注学习环境的不同方面。几乎所有的教室都像一个盒子，盒子的前方是一个为教师的"教"准备的空间，以便信息能被最有效地传递出去，如果以前教师还可以在讲台前走来走去的话，自从讲台上安装了连接投影仪的计算机，即所谓的多媒体大屏幕后，教师则被鼠标和键盘限制在了高高的讲桌后边。为了防止学生交谈，学生被要求坐在单独的椅子上，每个学生只能做记录或者完成教师传达下来的课堂任务。

学习环境是学习过程的一个重要组成部分，如果我们认为培养学生是基于知识、能力和情感三个方面的目标的，我们就应该重视包括物理环境在内的教学情境的创设。

建构主义认为学习总是与一定的社会文化背景（即情境）相联系。情境就其广义来理解，是指作用于学习主体，产生一定的情感反应的客观环境；从狭义来认识，则是指在课堂教学环境中，作用于学生而引起积极学习情感反应的教学过程。根据建构主义理论，学习者在实际情境下进行学习，可以使他们利用自己原有认知结构中的有关经验去同化当前学到的新知识，如果原有的知识不能"同化"新知识，则要引起"顺应"，即对原有的认知结构进行改造和重组。通过"同化"和"顺应"，完成了对新知识的意义建构。建构主义注重情境，认为个体、认知和意义都是在相关情境中交互、交流（即协作）完成的，不同的情境能够给各种特殊的学习者不同的活动效果，也就是说学习者在不同的情境中会有不同的行为，并且认为创设情境是学习者实现意义建构的必要前提。

因此，创设情境成为教学设计最重要的内容之一，要求我们将传统的教学设计改变为设计情境化的学习环境，针对特定的学习目标，将学习内容安排在情境化的真实的学习活动中,让学生通过参与真实的问题求解等实践活动而获得更有效的学习。在信息化教学设计中创设情境,简单地说就是基于特定的教学目标,将学习的内容安排在信息技术和信息资源支持的比较真实或接近真实的活动,支持学校的学科教学活动。

二、创设情境的指导规则

教师在创设情境时,受到他们所具有的知识观的影响。如果教师认为知识由大量等待传递的内容组成,教学只是传递知识的过程,教师就会选择能够促进内容传递的学习环境。如果教师认为知识是社会建构的产物,是一个集体看问题和做事情的方式的结果,他们就能认识到,应当选择和组合各种工具创设"一个学习者可以互相合作和支持的地方,在那里他们使用许多工具和信息资源参与问题解决活动,实现学习目标"。

利用现代化信息技术和信息资源,创设接近真实的学习环境的方式很多,其使用的方法也因不同的学科和内容有很大差异。建议教师在创设教学情境时考虑以下几个方面:

(1)使用哪种学习理论来指导教学情境的设计?是行为主义的主张——仅针对单个学习者提供知识和强化,还是与建构主义相一致的学习理念—为学生提供调查和接触大量问题的机会?

(2)学习情境是否支持学生进行小组讨论和合作的机会?

(3)学习情境是否能为学生实现学习目标提供多种活动或策略的选择?

(4)学习情境是否具有"低门槛,高天花板"的特征?即让初学者很容易入门,经验丰富的学习者也能利用这个工具复杂的一面制作更完美的作品。

(5)学习情境能否为学生提件在不同类型的信息之间建立联系的机会?

(6)学习情境能促进教师、厚生和计算机三方面的互动吗?

三、创设情境的几种方法

利用现代化信息技术和信息资源,创设接近真实的情境的方式很多,其使用的方法也因不同的学科和内容有很大差异。根据创设的作用和一般方法的相似性可以有:创设故事情境,创设问题情境、创设模拟实验情境、创设协作情境等。

1. 创设故事情境

在信息化教学设计中创设故事情境就是将教学内容通过各种信息技术和信息资源，以"故事"的形式展现给学生。创设故事情境就是要利用丰富的信息资源，调动学生视觉听觉等尽可能多的感官理解和建构知识。实验心理学告诉我们获取信息的途径来自视觉、听觉等多种感官，并且多感官的刺激也有利于知识的保持和迁移。教师创设故事情境是根据教学内容、教学目标、学生原有认知水平和学生无意识的心理特征，采用适当媒体创设能够引起学生积极情绪反应的形象整体。

2. 创设问题情境

创设问题情境，就是将学生引入一种与问题有关的情境，问题情境是最常见和应用最广泛的一种情境，是启迪思维激发兴趣的重要途径。问题情境的创设，激发了学生的探求欲望。教师则要抓住时机，依据问题情境所提供的各种线索，引导学生多角度、多方位地对情境内容进行分析、比较、综合，建构新的认知结构。

在信息化教学设计中应注意利用信息技术和信息资源创设问题情境，激发学生的主动参与。创设问题情境的方式多种多样，它可以在其他创设情境的途径中交叉使用。教师可以通过故事、模拟实验、图像、音乐、活动等多种途径设置问题。

3. 创设模拟实验情境

实验是学生学习的重要方式之一。恰当的实验可以使学生把当前学习内容所反映的事物尽量和自己已经知道的事物相联系，并以这种联系加以认真思考，从而建构所学知识的意义。但实验的条件在课堂上并不能都得到满足，创设模拟实验情境可代其功能。学生一方面按照教师的要求及学习目标模仿练习，以巩固新知识，另一方面凭借想象，再现表象，展开联想，亲身体会实验的乐趣，得到成功的体验，从而强化对问题的求解能力。创设模拟实验情境首先设计与主题相关的，尽可能接近真实的实验条件和实验环境。然后利用各种信息资源使其实现，教师进行指导评价。

4. 创设协作情境

在信息化教学设计中创设协作情境，就是利用网上多种交流工具如 BBS、可视化语音聊天室、电子函件、Net meeting、OICQ 以及 Internet Phone 等工具，通过竞争、协作、伙伴和角色扮演等方式进行学习，针对某一个问题展开讨论交流，共同完成学习任务。一般情况下，在信息化教学设计中创设协作学习情境包括以下几个步骤：对信息资源的整合，对学习任务和目标的确定，小组学习，小组学习成果的交流，教师总结与评价。

第六节 信息化教学评价

一、教学评价的内涵

（一）教学评价的含义

教学评价，是指运用一系列可行的评价技术和手段评量教学过程和效果的活动，以确定教学状况与教学期望的差距，确定教学问题解决对策。它是教学各环节中不可缺少的一环，也是教学设计中尤为重要的一个组成部分。其根本目的是确保改善学与教的效果。它是根据具体某学科的教育目的及原则，对教学过程和所产生的成果进行定性的测量进而做出价值判断，并为学生的发展和教学的改进提供依据。

（二）教学评价的类型

教学评价方法按照不同的划分标准可以有不同的类型。这里我们按照教学阶段对教学评价进行如下分类。

1. 诊断性评价

诊断性评价也称安置性评价或者前置评价，是为了确定学习者已有的学习准备程度或者教学设计基础而进行的评价活动。诊断性评价一般在教学或设计活动开始之前进行，如入学时的摸底测验、分班测验就属于诊断性评价。它实质上是一种为查明存在的问题进而分析问题的活动。这种有计划学习内容的诊断性测验结果还可以作为学习结束后判断学习进步的依据。

2. 形成性评价

形成性评价是在教学过程中实施的评价，在每完成一段教学（一节课或一个单元）后进行。它是为使教学设计、教学过程更为完善而进行的对学生学习结果的评价。其目的不是对学习下结论，而是了解学习情况。课堂上的提问可以看成最简单的形成性评价。通过形成性评价，教师可以有效地把握每一个阶段的学习成效，了解存在的问题和不足，以便能及时地调整和改进教学。同时，还可以让学习者确认自己的学习成果，并使之得到强化。让学习者在完成一段学习后获得一种满足感，增强信心，促进进一步的学习。因此，形成性评价可以说是一个有效的反馈机制。

3. 总结性评价

总结性评价是在教学结束后进行。这种评价的目的是了解整体的效果，提供一个总体评价成绩的资料。总结性评价往往又具有后继新阶段的诊断性评价的作用。

(三) 教学评价的功能

1. 反馈调节功能

反馈调节功能是通过评价反馈的信息,指导与调节教师与学生的教和学的活动,从而增加教学活动的有效性。这种反馈信息包括两类:一是以指导教学为目的的对教师教学工作的反馈指导。教师利用评价的结果可以了解学生学习的实际情况,发现教学存在的问题,反思和改善自己的教学计划与教学方法,通过这种评价也可以间接提高学习者的学习效果。二是以自我调控为目的的学习者自我评价。学习者通过自我评价加深对自己的了解,以便调整学习策略,改进学习方法,增强学习的自觉性。

2. 强化激励功能

科学的、合理的教学评价可以调动教师教学工作的积极性,激发学习者的内部学习动力。对教师而言,客观公正的评价可以使教师明确教学工作努力的方向,学习他人之长,发扬自己之长,克服自己之短,改进自己的教学;对于学习者而言,教师的表扬和奖励、学习成绩测验等可以提高学习的积极性和学习效果。但在评价过程中,教师和学习者都应把注意力集中在教学过程中,弱化量化评价结果,尽量避免给学生排名次或比高低,避免打击学生的学习积极性。

二、信息化教学评价的特点和原则

信息化教学评价是指根据信息化教学理念(目标/人才观/教学模式等),运用系列评价技术手段对信息化教学效果进行评价的活动。

(一) 信息化教学评价的特点

信息化教学评价符合信息化教育的要求,其特点主要是通过区别于传统教学评价的一些方面来体现的。其主要表现在以下几点。

1. 评价重心不同

传统教学评价侧重于评价学习结果,以便给学生定级或分类。信息化教学评价则侧重于评价学生的表现和过程,关注评价学生应用知识的能力。

2. 评价标准的制定者不同

传统评价的标准是根据教学大纲或教师、课程编制者等的意图制定的,因而对学生的评价标准是相对固定和统一的。在信息化教学中评价的标准往往是由教师和学生根据实际问题和学生先前的知识、兴趣和经验共同制定的。

3. 对学习资源的关注不同

在传统教学中,学习资源往往是局限于相对固定的教材和辅导资料。在实际的教学过程中,很少有对学习资源进行评价的活动。而信息化教学评价非常重视学习资源的评价。

(二)信息化教学评价的原则

1. 体现"以人为本"的教育理念

评价是为人的终身发展服务的。在进行教学评价时,应充分体现"以人为本"的教育理念,承认评价对象的差异性,对个体发展需要予以尊重,使评价对象得到更好的发展。

2. 基于现实

在对学生的完成程度进行评价时,要重点关注学生在完成实际任务过程中所表现出来的能力,如提问能力、理解能力、合作能力、克服困难的能力、创新能力等。教学评价的重点要是如何让学生的这些能力得到有效提升,而不是对这些能力做出简单的判断。

3. 评价应贯穿于整个教学过程

在信息技术环境下,评价是与教与学的过程并行的一种持续的、动态的过程,评价应贯穿于教与学过程之中。

4. 注重学生的自我评价

在制定评价的内容、方式和标准时,应让学生参与其中,进而不断发展他们自我评价能力,使他们发现自身存在的问题,并不断进行改进,进而提升自身的能力。

三、信息化教学评价的方法

(一)自我评价

1. 自我评价的含义

自我评价是指评价对象根据一定标准,自己对自己进行的评价。让学生学会自我评价,不仅可以帮助学生认识自己现状与目标的差距,而且可以促使学生逐步学会自我监控、自我调整、自我改造和自我完善,不断提高他们的主体意识和自我教育能力,形成独立自主,开拓创新的人格特征。

2. 自我评价的主要内容

自我评价的内容主要包括以下两个方面。

(1)基础知识和技能。

（2）情感与个性特征、道德品质、学习态度和技能、合作和交流能力、学习风格、记忆方式、思维习惯、创造意识和实践能力、人格成就、劳动、关心集体等。

3. 自我评价的实施

自我评价的实施可以从以下几个方面着手。

（1）采取多种评价方式。自我评价以形成性评价为主，以总结性评价为辅助。

（2）以自我评价为主，同时也要听取他人的评价。进行自我评价，并不是要完全消除外部评价。自评和他评在信息化教学评价中都发挥着重要的作用，因此，要注重自评与他评的结合。自我评价在信息化教学中起着自我调控的作用。学生通过进行自我评价能够有效实现自我教育、自我管理，而且能够消除他评引起的焦虑、沮丧情绪，进而让学生积极了解自己的进步和不足，不断完善自己。他评通常对自评具有一种导向作用，即定向引导学生的学习活动，帮助学生认识并分析学习过程中存在的问题，并采取改进方法，对学习的节奏、状态和方法等进行调整和改进。

（3）自我评价以承认和尊重每个学生的个性差异为前提，以激励、发展为目的，对不同学生采用的评价策略、标准尺度不同。

（4）重视评价后学生行为的调整。进行自我评价主要是为了让学生对自我有一个客观的认识，既要认识到自身的优势，又要认识到自身的不足，并根据评价结果对自身进行适当完善和调整，保证评价能真正发挥作用。

（二）绩效评价

1. 绩效评价的含义

绩效评价是教师以教学目标与评价准则为整体支撑架构，让学生通过应用知识与技能等高层次的思考历程，在建构而非简单再认或记忆的练习进程中获得深度认知、情感与技能发展的评价方式。它要求评价者创设尽可能真实的问题情境，让学习者在其中展示学习成果，它是通过实际任务来表现知识和技能成就的一种评价。

2. 绩效评价的特点

（1）对学生有一定要求。学生可依据问题情境，以科学的论证和推理方式建构合乎自身认知的、具有创造性的解决问题的方案，产生具有创造性的作品。

（2）与现实生活密切相关。在进行绩效评价时，一定要充分联系现实生活，在真实的情景中开展评价。所谓的真实情景，包括对日常生活情景的模拟，或者真实情景中的实际操作。

（3）重视过程和作品。与传统评价不同，绩效评价非常重视过程。可以说，通过评价过程,能够了解到学生的反思能力、合作能力、信息搜集能力以及创造力等,而各种能力的综合作用集中反映在作品中。

(4)事先确定好评价的标准。例如,学生作业表现中哪些是优秀的、哪些表现属一般或不好,表现的哪些层面属于主要评分点,这些规则和标准应事先给学生一些反馈,可制作成量规展示给学生,以增加评价的有效性。

3.绩效评价的内容

一个科学全面的评价体系首先应该对其评价内容有相关的规定和选择,信息化教学绩效评价具有其特定的评价内容。具体而言,包括以下两方面的内容。

(1)教师的教。信息技术环境下对教师的教的评价包括对教学目标、教学内容、教学策略、现代媒体资源、教学运作、教学效果等方面的评价。

(2)学生的学。为了对信息技术环境下学生的学习效果进行全面评价,将学生的学分为对学科知识的掌握、综合能力的提高、情感态度的转变和学习效率的提高等方面。

(三)量规评价

量规是一种结构化的定量评价标准。量规在我国机械行业指的是用来判断被测件的长度是否合格的长度测量工具。在信息化教学中,量规也是作为一种测量工具,所不同的是测量的对象不同,目的不同。随着教育信息化的不断发展,学习任务越来越多的以非客观性的方式得以呈现,传统的客观性评价已无法适应信息化教学评价的需要,量规评价则广受重视。

1.量规的特点

量规评价的标准各不相同,但不同的量规都有一些共同的特征。

第一,量规是绩效评价的有效评价工具。量规将多方面整合的任务的复杂性与经过深思熟虑、设计好的、能够真实测量这项任务的责任结合起来,根据学生在给定作业与任务上产生的成果、作业或学习结果对学生进行评价。

第二,量规具有较强的适用性。评价作文仅仅是使用量规评价的一种情况,量规还可以被用于评价小组活动、多学科以及口语等。比如语文、数学以及科学课程上。量规的使用并不依赖于年级和学科,而是评价的目的。

第三,量规是质性评价和多元评价的基础。信息化教学评价要求学生评价以质性评价为主,强调多元化的评价方法。近年来国外发展了许多新的评价方法,为了完成某项评定,教师要根据一个完善、公平的量规才能将获得的信息和资料用于判断学生的学业情况。

2. 量规的组成要素

一个量规是一套等级标准，一般由以下三个要素组成。

（1）评价指标。决定着任务、行为或作品等质量的各个要素都是重要的评价方面，都可以作为重要的评价指标。指标的确定可以由大到小，逐级分解，可分解为一级指标，一级指标再分解为若干个二级指标，等等。在评价过程中每个指标所占的分量也是不同的，这就需要赋予不同指标以不同的权重，即指标权重，也就是各个指标要素在被评价对象总体上所表现出的重要程度。

（2）评价标准。量规中要对每一条评价指标都进行具体的描述，组成从好到差或从差到好的一个序列，这些具体的描述即评价标准。

（3）水平等级。对学生绩效水平的描述，既可以采用数字，也可采用简短的语言，有时也可将数字和简短描述结合起来使用。

3. 量规的设计原则

（1）根据教学目标的侧重点确定各评价指标的权重。对量规中各评价指标的权重（分数）进行合理的设置不但可以帮助有效地评价，还可以引导学生把握好努力的方向，起到目标导向的作用。评价指标的权重设计与教学目标的侧重点有直接的关系。

（2）要根据教学目标和学生的水平设计评价指标。教学目标不同，量规的评价指标也应不同，尽可能考虑到评价对象的重要属性和特征。

第五章　现代教育信息技术与课程整合

人类的创造性无法预见，高端网络技术、影音科技都能成为人类改变世界的工具，人类可以挖掘它，自然可以利用它。因此我们走进了信息化时代，同时正在以惊人的速度改变着人们的生存和学习方式，冲击着传承已久的教与学的模式。这种高端网络技术与课程实践融合是改变原有形式，成就更多合适人才的便捷途径，它标志着全球范围内实践形式发展趋势。

第一节　现代教育信息技术与课程整合概述

一、网络技术与课程实践

课程实践是一个具有多重含义的术语。对于不同的人而言，在不同的情境里，课程的内涵和外延也是有比较大的差异的。事实上，对课程的不同定义都隐含着某种假设和价值取向，也隐含着某一种意识形态以及对教育的某种理解和信念，从而在一定程度上标明了这种课程最关注哪些方面。

1989年，郭元祥先生和施良方先生就"关于课程问题的四十年学术争鸣"这一课题进行研究时，收集了国内外关于课程的50多种定义，发现关于课程的定义，从广义到狭义、从词语本义到引申义、从要素到功能、从课程设计者到实施者、从睁态到动态、从过程到结果、从设计到评价，应有尽有。但是这些众多的定义还是可以归为两大类：其一是日常话语的课程概念；其二是学术话语的课程概念。作为日常话语的课程概念，也就是人们在日常生活中对课程产生的具有经验主义特征的理解；作为学术话语的课程概念，严格来说，也是来自生活经验，不过它对课程做了更为广泛而深刻的理性思考和界定。日常话语形态的解释和学术话语形态的解释在一定条件下是可以相互转化的。

什么是课程？日常话语的课程概念是指"学问和学科"，而通常又以"学科"的理解为主，比如语文课程、数学课程等。它可以指"一门学科"，也可以指"学科的总和"。这种对于课程的理解最接近我们的经验世界。因此,这种理解对于我们的教育实践影响也最大,由于它和我们的直观理解很接近,因而也最容易被接受。但是这一日常话语概念的理解并不能准确说明"课程",因此有必要在此讨论在"新课程改革"中的一系列教育观念的转变,以统一认识。理解课程并不是一个独立的事件,必须考虑整个教育全局的要求。所以,正确认识和处理信息技术与课程的整合,必须树立全新的教育观念。我们将课程中所包含的要素逐一进行理解,以求全面把握课程的含义。

(一)课程即经验

除了将课程理解为"学科"以外,还有诸如"课程即书面的教学计划""课程即预期的学习结果或最终定义""实践就是经验、实践是被指导的定向活动""课程即文化再生产"等各种理解形式。这些理解形式并不相互排斥,它们从不同的独立视角揭示了课程的本质。

在此,我们将课程理解为"有指导的学习经验"。正如美国学者泰勒 R.W.Tyler 认为,唯有学习经验,才是学生实际认识到的或意识到的课程。其中"有指导"包含了"有计划、有意图"的意思,即充分肯定了教师及教育机构的教育意志。我国著名教育学家陶行知先生就认为:我们在生活中,接受的一切,都会让我们受到警示,而且我们会在接受与启示中不断地发展、不断地打造自己。生活是学校,我们接受的各种教育思想理念,正是"课程即经验"的体现。很显然,"经验的获取和积累"是理解新课程观念的核心。

(二)素材是模板

素材是模板就是学生把素材看作是认识事情的基础,是引导我们走向想要生活,通过这些素材,我们会效仿,为的是形成自己规范的人格,这些素材可能不是所有学生都需要,或者是需要所有,但你不得不承认,他确实让我们认清了事情,能够理性的对比分析事情的表面,并对其深层次的意义进行挖掘,所以素材就是模板。

(三)教师即研究者

教师不再只是在实践过程中起传递的作用,他会变成自我主动频道调适者、情况分析者和补充者:实践者对自己应该有更高层次的定位和要求。教师不再只是一个真理的宣传者,而是一个学生学习的促进者、帮助者,是真理的追求者和探索者。在全新的教育观念下应当要树立一个积极的、能动的教师形象。

(四)学生是知识的建构者

学生是课程整合过程的主体,对整个学习过程有着自主、自控的权利和责任,在新的教育观念的指导下，学生的角色随之也发生了很大的变化，具体来说，学生由原来的问题回答者变为了问题的质疑者，由原来的被动听课者变为学习的参与者，由原来的解题者转变为出题者等。总之，学生不再是被动地接受知识，而是主动地进行知识的建构。因此，要实现教育理念从"以教师为中心"向"以学生为中心"的转变，关键在于发展学生的能力，应当努力做到以下几点：

第一，理解学生、不误解学生。教育者必须准确掌握受教育对象的知识结构，理解并接纳他们的现状，包括他们的能力特点、学习习惯、情感态度、价值观等，唯有全方面地了解教育对象，才能进行因材施教。

第二，尊重学生、不轻视学生。个体差异是永远存在的，不同地域、民族、性别的受教育者在学习能力和学习效果，道德修养和综合素质等方面都可能存在差异，教育者既要全面发展学生的综合素养还要关注每个人的个体差异，虽然这些人为因素很难控制，但是作为教育者必须从学生的角度出发，尊重并给予前进的鼓励。

第三，服务学生、不利用学生。教育要以学生为本，要为学生的"学"服务，而教师是学生"学"的过程中的指导者、服务者、支持者以及帮助者，教师不能为了满足自身的需要，而让学生达到某种目标。

第四，启迪学生、不蒙蔽学生。处于中心位置的学生并不是十全十美的，大多数情况下需要通过教育启发使其加强个人全方位的能力，当然在这个过程中教师应注意启迪熏陶的方式，不能采取训斥、强制等过激手段，教育者要在点滴中通过影响、熏陶和启发，使学生自身逐渐感悟、反省并形成正确的价值观。

第五，激励学生、不压抑学生。以学生为中心教育模式的根本目的是促使学生扬长补短、各得其所。教育者要充分开发学习者的潜能，不能以固有的评价模式和评价标准去衡量学习者的学习效果及个体能力，并力求建立和谐而又独特的师生关系，推动教育教学改革深入发展。

二、信息技术与课程整合的目标与意义

（一）形成自我主动的态度

终身教育是现今流行的一种教育思潮，其思想渊源可以追溯到古代。20世纪60年代的法国人郎格朗认为终身教育是与有限的学校教育相对的，它贯穿于一个人生命的整个过程，影响着学习者生活的各个方面，是全面性和连续性的统一。联合国21世纪教育委员会将其描述为"与生命有共同外延并已扩展到社会各个方面的连续性

教育"。

一直学习,一生实践,就是要每个学生能按照自己的现有形式和自身的需求,本着这样的想法,形成自己连续的计划,进行主动约束,给自己鼓励,用所有的方式抵达自己想法的过程。

(二)形成学习者良好的信息触觉

从大的方面来说,信息感觉要有信息挖掘的想法,要有获得的能力,要有一定的道德,要有扶持能力的知识四方面的素质;狭义的信息素养通常指信息能力。信息技术与课程整合就是要培养学习者这些方面的素养,其中信息知识是指学习者要熟悉与信息技术相关的常用术语和符号、了解与信息技术相关的文化及其背景、熟知与信息获取和使用有关的法律和规范;信息能力是核心,要求学习者有对信息的挑选、获取、分析、加工、创造、传递、利用、评价和系统安全防范的能力;信息意识是要培养学习者对客观事物具有价值信息的觉察、认识和力图加以利用的强烈愿望,要有信息抢先意识、信息忧患意识;信息道德的主要内容是要求学习者诚实守信、实事求是.在信息传递、交流、开发利用等方面服务社会群众、奉献社会,并且要努力促使学习者自觉遵守一定的信息伦理道德标准来规范自身的信息行为与活动。

(三)形成实践方法

在高端网络技术的参与下,在现有学习环境中,实践者的实践方式都发生了改变。实践者最主要的是利用信息化平台以及数字化资源获取知识.而不再是单纯依赖于教师的讲授和对课本的学习。实践的主体—园丁,要与实践的参与客体相互合作、相互配合、分享素材、扩宽思路.在研究、发现、改变、展示中进行实践。学习终端不再是单一纸质版,还有更丰富多样的电子终端,例如阅读笔、图形计算器、表决器、手机、平板电脑以及各种体验式的学习终端,这些功能强大的学习终端对当今时代的实践者学习的意义给出认可的信号。所以,用高端网络与实践融合,会让学生接触到最极致的实践方法。

第二节　现代教育信息技术与课程空间要素的整合

课程的空间要素包括了课程的研制者、学习者、课程内容和环境四个方面。高端网络和时间需要整体元素的融合，主要就是指高端网络与实践的这四个整体要素的融合。高端网络与时间融合的低层要求是从实践空间要素角度出发，就应该会有实践从业者的合作、实践接受者的配合、实践内容的符合、外部环境的吻合。在这之外，最应该有的是还原学习原有的模样，回归其本身，以自身为主的整体结合。下面将对课程空间各要素进行分别探讨。

一、关于课程编制者

课程编制者主要指对课程进行编排、组织，并能够形成一定的方案或计划等有联系的参与者，可能是有联系实践相关的政府官员、实践的专家、教育技术专家，也可能是实践学校的相关领导以及课程具体实施人员即教师。在这一空间要素上基于课程编制者的整合，主要是采用一定的训练或相关的探索形式，使实践编者们学习与实践有关的基本知识、基本理论，掌握现代信息技术，具备一定的实践素质和信息元素。并在此具备情况之上形成开展高端网络技术和实践结合的低层技能，使现有的信息实践的采用能力提高，在所有方面开发出符合时代需要、满足学生发展需求的信息化课程。同时在课程研制开发的过程中，课程编制者也要充分利用信息技术，收集、加工、处理整合各种信息。在编制文字教材的同时，综合利用现代信息技术，设计、开发与教材同步配套的教学软件。

二、关于课程学习者

课程学习者主要是指学生，是学习课程的人。从学习者的角度来说，在这一要素上的信息技术与课程整合就是要利用信息技术来营造一种师生之间相互平等、相互尊重、共享自由的关系和氛围。需要指出的是学习者实质上也是课程研制者的一个有机组成部分，但在传统课程的研制过程中，往往都忽视了学生研制者这一有机组成，所以在这方面的整合策略还需要组织建立相关的制度，确定相关实践者的从业地位。形成课程实践者的整体结合的意识、行动能力、获得能力，让他们一同参与高端网络与时间整体结合的设计、落实和最终的定位。在课程的学习过程中，以及在参与课程研制过程中，学会利用信息技术获取信息，处理加工信息，建构自己的知识体系，学会利用信息技术与学科专家、教师、家长、学习伙伴等进行交流，同时还要不断地培养自己的信息道德素养，在整合实践中得到提高和发展。

三、关于课程内容

课程内容是指各门学科中特定的事实、观点、原理和问题，以及处理它们的方式，它是学习的对象，源于社会文化，并随着社会文化的发展而不断更新变化。基于课程内容的整合，主要策略有以下三个方面：一是要将信息技术作为课程内容，并且要确立和加强其在学习中的地位；二是其他课程内容，要充分利用信息技术来加以传播；三是信息技术并非万能技术，还需要为可能用网络用语、符号等无法表示的部分保证必要的转换空间。

四、关于环境

课程要素中所提到的环境，是指影响人的学习、生命存在及其活动的各种文化因素的总和，它包括了对人的学习具有影响作用的各种空间内的各种相关要素，同时也包括了时间进程中的有联系要素。从外部空间整体看，情景是很特殊的实际存在的环境，有校园环境和社区环境，其中校园环境具体来说包括教室环境（如实验室、教学场地等）和宿舍环境；社区环境包括家庭环境在内。通常提到的实践空间，如果从人的学习生命存在及其活动功能实现与现存状态的角度来看，其内容就更加丰富，包括了生理、心理、物质、交往和活动等。

五、关于以人的学习为本的课程空间结构

（一）网络手段与实践整体区域结合

高端网络手段与实践的整体结合，在之前讲的实践的四个整体元素结合，更需要往前一步，实施回归学习本源的整体实践结构的综合方法，其根本就是，使网络手段的扩展得到好的发展，时间的整体要素也得到好的运用。扩展网络技术和运用好整体实践要素的关系，可以通过以下三种方式来实现：其一"学习信息技术"（Learn about IT），把高端的网络技术作为模仿的榜样，主要包括对网络技术课程内容的学习，对高端网络技术基本技能的掌握，以及信息技术对社会的影响和作用的了解；二是"用信息技术来进行学习"（Learn with IT 缩写为：L-with IT），使信息技术成为教师、学生

进行教与学活动的工具；三是"在信息技术中学习"（Learn IT，缩写为：L-in IT），基于信息技术的教育文化环境开发，种环境包括了物理环境、资源环境、社会性环境三个方面。

（二）网络技术与整体实践时间的元素结合

网络手段与课程整合不仅存在于空间维度，更是参与到课程研制的整个过程中。从理念、目标，到内容、评价均有所涉及。下面的提示卡给出了课程研制的一般过程。请大家根据自己的上课体验及感悟，想一想：在课程研制的过程中，信息技术可以以怎样的形式或方式参与课程整合？并将见到的、想到的和听到的整合方式记录在下面的横线上。下面以一些例子作为参考：

A同学：我们在多媒体网络教室上课的时候，老师使用"电子极域教室"软件，利用局域网组织学习活动，比如分组、作业提交等。

B同学：但是有很多同学第一次都不会使用"电子极域教室"软件提交作业．所以我认为：在学习目标的制定中应该加入"学生能够使用相关信息技术完成学习"。在时间的纬度上，课程是一个动态的过程。将实践运用过程归纳为：形成实践理念——确定目标——择取内容——组织内容——学习经验——学习活动——开展课程评价。

这七个环节在整个教学过程中扮演着不可代替的角色，就像各个组成部分一样，为了达到预期的效果，必须有效地合作，不过分强调其中某一个环节，但也要准确指定每个组成环节对所要到达的目标做出的贡献，以及它们之间存在的相互关系。七个环节层层递进，下面我们将对每一个环节做简要介绍：

(1) 形成信息化课程理念

要实现信息技术与课程时间要素的整合，首先就要求在具体实施整合之前，课程研制者要形成一种信息化课程理念。理念指导着课程研制者的实践活动。这一步很重要，它直接关系着下面要素整合的成败与否。

(2) 研制信息化课程目标

网络技术实践目标，它的基础是现有教育的目标分支，突出信息文化发展需要而形成的、对学习者通过课程学习后应该表现未来的可见行为的具体的、明确的表述，是一系列可参照执行的基本标准。因此，我们不仅要大力投入组建教育实践项目分支体系，还要在运用原有的教育实践目标要素之上，结合信息技术的特点、结合实践的实际，研发更新网络技术实践目标。

（3）确定信息化教学内容

择取网络化内容选择主要是指在选择一般文化内容的上，还要选择文化发展方向的信息技术的精华，从容地把二者紧密地结合在一起，重点突出信息技术与一般文化内容之间关联性的内容，拓展学生学习内容的范围，改变传统课程中内容单一、固化、相互分离的现象。

（4）建构信息化课程结构

课程结构是指课程各部分之间的排列组合，也就是研究实践的所有组成部分是如何联系在一起的。高端网络技术包括了表面结构和内在结构。在表面层面，网络技术实践是认识学生学习的根本技术，它是想把我们的网络技术实践结构从原来的单科，发展到整科领域结构。这也是世界范围实践改革中重新组合的新趋势。在内在层面，需要每个单科领域贯穿网络文化的内容。

（5）把经验变为现实

在我国的网络技术实践中，一直是有内在，但缺乏把这些内在的、好的技术变为经验，经验是在不断做，不断错，不断改中沉淀下来的。网络技术与实践的整体结合是要让学生在课程中了解到深层次的意义，并不是一味地重复、机械的做事情。在以往的实践中，"内容"化为与学习者分离的特殊文化，教育被异化为从外部将"内容"灌输给学生的过程。为解决这一问题，就需要形成一种把内在变经验套路，运用实践组成新方式，把经验变为现实。

（6）创新信息化课程实施活动样式

课程实施是指把新的课程计划付诸实践的过程，其研究关注的重点是课程计划实施过程中实际发生的情况，以及课程实施的各种影响因素。信息化课程实施活动则是指在信息化课程实施过程中开展的各种教学或学习活动，如教学、自学、管理以及其他各种活动。目前，在学校教育中运用的多的课程，如探讨研究、组织活动、发现选择以及合作学习等。这一环节是对实现学习经验转化的促进，通过多样性的实施活动；促进学习经验的更好转化。

（7）发展信息化课程评价技术和方法

课程评价是指研究课程价值的过程，是由判断课程在促进学生学习方面的价值活动构成的。这一环节不仅仅是七个环节的结束，同时它又是这个时间要素整合过程的开端。它对其他环节起到了修正改进的作用，通过评价，不断修正前面的环节，使整个系统更适合于结合发展。

第三节　现代教育信息技术与课程整合的形态

一、信息技术作为学习内容

L-about IT 直译就是"学习信息技术",就是将信息技术作为一个专门的学科开设,旨在让人们掌握赖以生存的重要工具—信息技术。

高端网络技术实践的主要目的,是本着扩展学生的网络资源、扩展信息要素为出发点,把网络技术当作研究的榜样,学生有效地掌握高端网络技术的基础知识,学习网络技术的基础技能、原始工具的使用,掌握一定的网络技术。但同时,高端网络技术实践的运用并不是仅仅为了学习网络技术本身,更重要的是要让每个学生形成自己的个性,并得到更好的展现,会运用网络手段促成多方的交流、合作、打开眼界、提高判断水平,运用网络技术完成问题的落实,做好一生学习的准备,要知道高端网络信息的明确是我们每个人的权利,也是我们应尽的义务,按照它的规定,形成与网络技术相匹配的观念和感觉,为打造出适合社会的复合型人才提供支持。根据信息技术新课标(课程标准),信息技术作为学科科目、作为学生学习的对象包含了三个方面的内容:知识与技能、途径与方法、个体态度与价值观。

二、信息技术作为学习环境

L-in IT 直译为"在信息技术中学习",就是在信息技术构筑的环境中学习。在这样一种模式下,信息技术扮演了一个环境角色,这个环境包括了提供的物理环境、资源环境和社会性环境,这种模式一般融入前两种模式中,不单独发挥作用。

(一)提供物理环境

信息技术提供物理环境,主要是指由各种信息技术、信息传播媒体及运作软件组成的物理环境,如设备、媒体等物质性环境。目前越来越多的中小学在加紧建设计算机室、多媒体综合电教室、电子阅览室、多媒体语音室等,配置数字幻灯机、投影仪、实物展示平台等,信息技术物理环境的建设已初具规模。

随着信息技术本身的发展,这些原本独立的环境逐渐相互融合起来,形成了目前中小学中应用最为普遍的"多媒体网络教室"。一般来说,多媒体网络教室包括虚拟

Internet 教室、电子阅览室和多媒体语音室,其主要功能包括教学示范、广播教学、屏幕监视、资源共享、个别辅导、协作讨论、远程管理等。多媒体网络教室是由实践客体机、实践主体机以及汇总支持器构成。实践客体机和实践主体机联系起来构成大平台的教学网络,而大平台的媒体影音多通过转换影音设备与实践客体机相连,由主体自己把握。教学网络平台由数据汇总支持器转换到中心处理服务器完成,再把打印设备、扫描设备、投影设备的那个外置设备连接到中心处理服务器上,接受平台媒体影音教学网的控制和支配。中心处理服务器能和校园网的多媒体教学网连接,进行信息交流。

(二)提供资源环境

信息技术提供资源环境主要是指利用信息技术提供丰富的教学材料和资源,是以提供教学信息服务为主的系统。该系统的特点:一是拥有大量的信息资源;二是提供自由的访问。这些材料和资源是为教学目的而设计的,但有些资源并非为教育而设计,但因其具有教育利用价值而被用作教学资源环境,如电子化图书馆。

利用信息技术构筑的资源环境,具有三个方面的性质:选择性、结构性和开放性(1)。随着信息技术教育环境在中小学的不断完善,各种教学和学习资源也逐渐积累起来,这种在信息技术环境下,特别是在计算机和网络环境下的电子化实践。实践需要的素材有网络书刊、模仿场所、数据集合、电子百科、教育网站、电子论坛、虚拟软件库等。

(三)提供社会性环境

信息技术提供社会性环境,主要是指利用信息技术.特别是计算机和网络通信技术,可以为学习者之间、师生之间、师生家长三者之间创造和提供一个相互交流、相互学习的平台。

这种社会性的环境中既有真实的人人之间的交互行为,也有人与虚拟的学伴之间的交互行为。例如虚拟学伴,它主要是利用计算机来模拟教师和同级学生的行为,从而形成一个虚拟的社会学习系统。随着信息技术的不断发展,现今还可以利用网上群体虚拟现实工具 MUD/MOO 支持异步式学习交流,以这种形式来创建虚拟学社,这样一个平台,一个模拟空间,会给我们提供很多向外界传递的工具,有电子邮件、Word 文档、电子期刊等,都会不同程度的联系学生同伴之间、小组之间、甚至是班级之间的各种学习活动和校园文化。利用信息技术来提供这种社会性环境的实例除了上面提到的虚拟形式外还有很多,如统一合作的实验场所、模拟的实践场所。统一合作的场所把现实的实验情景与模拟的实践合成在一起,它是用高端的网络手段解决现实的问题,统一的实验场所把实践者分成很多个部分,所有实践小组都会组成一个小型社会。在整个过程中,只有组织者、领导者能够获取最大的资源,其他成员只是向组长表述想法和观察实验过程和结果。而每名参与者都会有自己负责的方面,主体在整个过程中,对每名参与者的表现、成果进行把控。模拟场所是指用高端的网络技术建造的实践区域,使不在同一处的组织者与参与者都能够及时了解到所有的情况,还可以用网络边界的通讯功能,做到正常实践场所能做到的活动,还可以不同步教学。

第四节　现代教育信息技术与课程整合的分析

一、信息技术与课程整合

利用信息技术课,使学习者通过自主发现、探索,对整个学习内容有一个初步的认识和印象,从而帮助教师了解学习者特征;同时也提高了学习者使用搜索引擎等的能力。教学过程中,通过复习引入课题,既强化习得知识,又引起学生注意。结合教学媒体特点,利用图片建立学生对胡杨树的直观认识,为课文学习做好"准备体验"。制作、观看视频,使学生对恶劣的高原生态环境产生感官体验,进而展开移情和联想;最终,感官具体体验上升到文字抽象体验,强化理解。利用局域网和相关软件开展的小组活动,产生了组内和组间互动对话,从而共享体验。既是对教学内容的双重编码、丰富拓展,也是对学生利用信息媒体进行沟通的能力培养,还培养了学生协作、自主学习的良好习惯,最后,开展课外拓展活动,使学生能够对其他类似情景发生体验,并利用所学进行创新。

二、联盟化教育教学信息技术应用创新探索

目前很多高等学府,都是把应用高端网络技术作为学科革新的重要手段,是实践的中心,是实践要素的组成和服务支持,高等学府统一在一起,用高端网络技术作为支持,运用媒体影音实践服务区域的组建,学府战线化实践体验系统的组建,学府战线网络实践会组建多个有代表性的、重要项目的落实,使高校的区域网络技术向国家一流水平发展,带领偏远地区的高校网络化的建设,促成网络实践技术与高校之间的深度融合。

夯实信息化教学基础,构建高水平实践统一战线。很多大学都自己立项组建了高端网络技术互动的形式,来达成本学校的校区间和不同学校的校间媒体互动交流需求。目前,已经在很多高校的校区间,不远几公里建成多个这样的实践教室,互动效果良好。重庆大学计划在年内再建设三间不同规模的高清互动直播教室。课程共享联盟建设项目凸显了信息技术对于教育手段改革的重要支撑作用,具有很好的示范意义。网络交流实践场所已经在今年的发达地区高校的共享媒体会议上,给各参加院校进行了现场演示。

加强联盟网络教学平台建设与应用,努力实现教育教学与信息技术的深度融合。为把网络技术与实践教学的整体相结合,使客体的多方面的学习和特殊性的学习得到满足,基于复旦大学的网络共享实践平台的建文,运用这个平台,可以进行一站式教学互动交流,同时也能进行选课参考。截至 2013 年 6 月,平台有教学班 348 个,使用人数 8031 人,总访问量 385553 人次,上传与下载资源 126534 人次,作业批改 156879 人次。在重庆大学的大力推动下,重庆市已有西南大学等六所高校加入 Sakai 联盟,使用统一的 Sakai 代码进行教学平台的建设与应用。

创新联盟课程文献中心建设,丰富信息化教学资源。重庆大学是卓越联盟、重庆市大学联盟的主要成员,有基于战线统一的文献共享管理中心。运用高校战线实践中心的组建,建立起成体系的课程文献资源,为联盟 Sakai 课程等教学资源平台提供在线文献支撑。通过文献中心,可以将联盟高校内的图书馆和课程平台进行有机连接,加强文献对课堂教学的保障作用。

(一)联盟化教育教学信息技术需求分析

信息时代的到来,数字校园的兴起,给传统教育带来了极大的冲击,教学模式和思维方式也随之改变,这些变化主要体现在以下两方面:以教师为中心向以学生为中心转变,从面向学习结果向面向学习过程转变,在现在的历史环境中,媒体实践要想发展就需要必要的改变,而开展高校统一战线化是实现发展的可以走的可行道路。运用高校战线的实践可以有效加强高校之间的多方面联系,达到补充优点、缺点,使要素得到共享,使学院的实际竞争力得到显著上升,把所有好的、优良的要素结合在一起,易于学生掌握新的知识,也易于造就适合型人才。因此,学院战线可以使其快速发展,也是学院的必走之路。

把网络手段技术运用于教学不仅能为教学的时间和空间提供弹性,也能为教师提供建立一种灵活的教学环境的机会,满足学生多元化与个性化学习的需求,为联盟化教育提供技术基础,所以如何运用信息技术为高校联盟化教育教学提供更好的支撑服务显得十分重要。网络手段化组建是学院的不可少的部分,它既生长在基层,也有自己的长期性。经过很多年的建设,网络技术手段已经小有成就,学校已建成数据中心、通信交换中心、万兆双线网络、统一门户、统一身份认证、统一数据库等基础软硬件平台,建设了一批教学、科研、管理应用系统,实现了学校人、财、物等基础性数据的交换与共享,学校专门投资新建高标准网络多媒体教室 30 个,信息与网络管理中心、图书馆、许多学院都建设了自己的学生机房.网络学院建立了远程教学专网。院校网络技术化的组建虽然已经取得了一定的成绩，但也有自己要面对的困难，怎么样使本校区间和两校区间媒体交流需要，使实践的要索得到丰富，网络技术化加快，使高端的网络技术手段能充分的为学院工作，这是非常重要的。

（二）联盟化教育教学信息技术应用效果

1. 高清互动超大视频平台

"高清互动超大视频平台"既可以作为实践场所，也可以作为接受场所，使两校区间的实践与接受在世家的课堂都能得到实施共享，不在一所学校，但仍能接收到每个老师的媒体影音，感受到真实的实践场景，它适合各种实践过程。高清互动超大视频平台，在实践的交流方面，不同学校，只要上一堂课，也是一起考察出勤，一起在平台上交流，能知道整个教学过程，增强了不同校区课堂把控力。在高清互动超大视频教室中，助教可以利用便捷的辅助控制工具，实现对教学过程的直播、收视、互动等控制，有效提高跨校课堂的课堂秩序以及教学质量。系统管理方面，高清互动超大视频平台。

教室能够为教室资源统一管理和调配，以及直播课堂远程观摩和监控服务。系统能够自动对接我校视频中心系统、教学管理服务系统，完成视频自动上传。在2012—2013年春季学期，在A校区和虎溪校区建成的2个高清互动超大视频教室中，有来自重庆大学机械学院和经济与工商管理学院、福特公司、四川大学、上海交通大学、重庆市摄影协会等12位专家学者开设的9次系列讲座，共计58个学时，师生普遍反映良好。

2. 网络教学服务平台

（1）运行数据

网络教学服务平台于2012年9月部署并试运行，全校师生积极参与，截至2013年5月，总共建立教学班站点348个，平台使用人数8031人，作业批改15.7万人次，资源下载12.7万人次，答疑讨论区回帖数量7.1万个，平均每天访问量1606人次，最高每天访问量7056人次，取得了良好的应用效果。

（2）绩效分析

第一，为教务处和教学管理人员了解教师的教学过程和效果提供手段。通过网络教学平台可以统计出教师对平台的关注度和访问量、与学生的交流互动情况、作业批改情况、答疑回复情况、课程资料整理情况等，从而为教师的考评提供参考依据。

第二，为教师了解学生学习状况和学习态度提供渠道。通过网上答疑功能、随堂测验和在线交流功能，教师能够了解学生的学习状况以及学习态度，从而把握后续教学的重难点,进行有针对性的指导,因材施教,均衡深浅度,提高课堂教学效率。此外,平台的统计数据和学生的反馈信息,也能作为学生平时成绩的参考。

第三,为学生课堂后的学习、疑问的解决以及选课参考提供条件。学生可以在课堂后,在寝室、自习室甚至在车上,通过平板电脑、手机等终端设备连接平台获取教学资源、提交作业、进行随堂测验、互动交流。同时学生也可以加入感兴趣的课程站点,根据课程介绍、课程资源以及师生间互动情况,更加深入直观地了解该课程,从而为选课提供依据。

3. 联盟课程文献中心

课程文献中心已经完成方案的需求设计、元数据标准制定、课程文献管理和服务平台的工作。在元数据标准方面,根据需求完成了课程文献相关的 12 种元数据标准制定,包括图书、期刊论文、图片、网络资源、音视频等,均采用都柏林核心元数据集,保证数据库平台的可持续发展,对于以后的系统升级、数据迁移、数据交换、资源共享均具有重要意义。课程文献管理和服务平台集数据加工、资源建设、管理、发布、检索与服务等功能,不仅支持各类文档数据,还支持多媒体数据,满足课程中心建设音频、视频特色数据库的需求。

第六章　教育信息化的重要创新——翻转课堂

随着教育信息化的深入发展，新阶段的问题日益突出，而国内外的众多学者对教育信息化领域的现实问题，从理论高度进行了深入的思考与探索，为此在众多领域都取得了具有标志性意义的新进展。翻转课堂是在全球教育信息化领域出现的、给人印象最为深刻的理论研究与实践探索相结合的创新。

第一节　翻转课堂的由来与发展概述

一、翻转课堂的由来

近些年来，教育界的热点非翻转课堂（flipping classroom，或译为"颠倒课堂"）莫属，甚至于 2011 年在加拿大的《环球邮报》上，翻转课堂被评为是影响课堂教学的重大技术变革之一。

2007 年前后，美国的乔纳森·伯尔曼（Jonathan Bergmann）和亚伦·萨姆斯（Aaron Sams）在科罗拉多州落基山国家公园发明了翻转课堂。

翻转课堂的创始源于学生因各种原因没能及时上课，这带给了乔纳森·伯尔曼和亚伦·萨姆斯两位化学老师启发，便将传统的教学模式（"课堂上听教师讲解，课后回家做作业"）进行"颠倒"或"翻转"，形成新的教学模式，即"课前在家里看教师的视频讲解，课堂上在教师指导下做作业（或实验）"。由此迎来教学史上的重大技术变革。

二、翻转课堂的发展

（一）"可汗学院"兴起

凭借着自身的优势和影响力，翻转课堂自 2010 年以后在全美乃至全球得到全面拓展，当然，翻转课堂的飞速发展离不开"可汗学院"的全力相助。

2004年前后,孟加拉裔美国人萨尔曼·可汗为了远程辅导亲戚家的小孩学习数学,把教学视频提前录制好,同时可汗为方便有需要的人士免费观看和学习,便把教学视频发到YouTube网站上。此后,为了方便学习者进一步进行教学训练,萨尔曼·可汗又增设了互动练习软件。

在2007年,一个非营利的教学网站成立了,此网站是可汗在之前的教学视频和互动练习软件的基础上进行优化整合而形成的,教学网站采用教学视频的形式讲解各学科(不仅是数学)的教学内容及网上读者关心的诸多问题,并提供网络练习、进度时时跟踪等教学功能。

2009年,可汗由"兼职"转为"全职",在精心的运行与维护下,学院迎来前所未有的较大发展,到2010年,不仅得到了比尔·盖茨的关注,还陆续收到了他和妻子的共建基金的数百万美元资金帮助。因此,学院的影响力大幅提升,影响范围也在不断扩大。后来此学院还研发出了能及时、快速、准确集合学生数据的体系,使学生及时了解自身的学习状况,使老师能更好地掌握进度,有利于老师更好地开展翻转课堂教学。此系统使学院所提供的教学影音质量,支持学习的工具都可以发挥作用。

此学院虽然不取报酬,但所提供的影音却是优质的。一方面有利于课堂顺利实施,另一方面使课堂的用户量大大增加。随着使用率增加,使用范围扩大,翻转课堂在北美乃至全球教育工作者中大受欢迎。随着翻转课堂的应用区域和受影响人群的扩大,在教学内容与教学方式上,翻转课堂进行了全面的改进。如上所述,这种课堂方式是把上课任务、学生任务、作业完成任务进行了位置交换,使学生能在家里听教师的视频讲解,课堂上在教师指导下做作业(或实验)。

(二)慕课的出现

翻转课堂的出现虽然改变了传统的教学习惯、教学模式,但形式比较单一,并且带有自身的局限性。2011年以后,它在全球教育范围内以另一个全新的模式出现在公众的视线内,这种不局限的形式的出现克服了课堂带来的缺点。

"慕课"的特征是:强调交互,提倡建立在线共同学习的区域。

在以往的共享课程中,存在着诸多的不灵活,如大多视频都带有针对性,针对本节要学习的内容或是根据学生的需要而录制;在教学过程中,教师仍为主体,客体一般处于被动接受状态;在教与学过程中,主体与客体之间、学生相互之间缺少交流与反思,整体参与度不足。

而共享课堂新秀模式实施的是在线授课形式。一方面在教学进行过程中,加入一定的提问、检测、专题的具体解决措施,引导学生利用已有的各种现代化学习支持工具或设备进行主动浏览,最终获得想要的资源,利用行之有效的交流、互动与反馈提高课堂的效率。另一方面,这种共享课堂可以极大地吸引学生,尤其在进行专项问题的解决过程中可以起到积极的鼓励作用,形成各种共享学习区域,建立互相帮助、共同协作的群体,并随着这一群体的不断扩大,进一步衍生出相关的资源库。

翻转课堂在教学模式上带来的改变有目共睹,然而单向传授的教学视频播放并非所强调的重点,在单一的、局限的课堂的创造者看来,他们更在意的应该是怎么能让学生从更深层次挖掘到想认知、想了解、将理解、想改变的东西。

第二节　翻转课堂的作用与效果分析

一、翻转课堂体现"混合式学习"的优势

在学术界，关于翻转课堂的表述仁者见仁。以混合式学习方式角度来观察翻转课堂的作用与效果：最初的混合学习方式是"课前在家里听看教师的视频讲解与课堂上在教师指导下做作业（或实验）"这原本单一、局限的混合方法再加上后来的非单一、不局限的混合方式的特点与长处，真正发展成了网络多元共享与"地面实录"相结合的复合式模式，其中网络多元共享又有完全分享和部分分享之分，在这两种方式的混合下，翻转课堂也在逐渐发展与完善。

关于翻转课堂的混合式多元共享方式，在全范围内有影响的大部分学者来看，它得有之前的网络共享预习，还得有之后的地面实录。深究其形成原因，它真正地发展成了网络多元共享与"地面实录"相结合的复合式模式，其中网络多元共享又有完全分享和部分分享之分，是把地面实录、比较传统的方法与网络共享公开的混合模式进行有效的结合，它使学校、家庭在学生内心的角色都发生了改变；也有一小部分学者认为这种单一与不局限的混合模式混合了直接与隐蔽的再建。

从内在、外在，各方面来看，前面的局限模式与后面的复合式模式内部蕴含似乎有些不同，前面的局限就是以往最常见的教与学的传统形式和直接的在线学习（即网络共享），后一种是指地面实录的直接讲解与重新再建的融合。但从内在本质出发，就是以教师作为主体，单向传递为主。它直接也一定会导致与客体缺乏互动、使客体失去积极性。所以传统的模式与地面实录其实是一个意思；而网络共享使主体与客体、客体与客体之间的互动更紧密，更自如，这也是被倡导的。"学习是获取知识的过程，但知识不是通过教师传授得到的，而是学习者在一定的情境即社会文化背景下，借助其他人（包括教师和学习伙伴）的帮助，利用必要的学习资料，通过意义建构的方式而获得的。由此可知，从内涵本质解析"在线开放课程"与"建构主义"所倡导的混合学习方式大体一致。

二、翻转课堂更符合人类的认知规律

在2011年度英特尔一对一数字化学习年会上，全球教育总监布莱恩·冈萨雷斯

从人类认知规律角度来分析翻转课堂的作用与效果,并声称:"颠倒的教室是指教育者把更多的学习自由还给了学生。把知识传授的过程放在教室外,这样学生便可自行选择自己接受新事物新知识的方式;把知识内化的过程放在教室内,这样利于增强同学之间、师生之间的感情,也便于交流观点和看法。"

布莱恩·冈萨雷斯以人类认知规律角度来阐释翻转课堂,在国内得到很多学者的支持。例如,很多师范大学教授都认为,"翻转课堂更加符合学生的学习规律,是先学后教的一种形式;相对于一般导学形式的先学后教,微观视频学习更加生动活泼……视频学习可以取代教师的知识讲解;而学生最需要教师帮助的时候,是做作业遇到困难和迷惑的时候,翻转课堂更能实现这一点"。在个别大学,也有学者更进一步指出:"翻转课堂的'课前传授+课上内化'的教学形式与传统教学过程正好相反,这是大多数人理解的传统意义上的翻转课堂,却忽视了翻转课堂的两个关键点:课外真正发生了深入的学习;高效利用课堂时间进行学习经验的交流与观点的相互碰撞能够深化学生的认知。"

第三节　翻转课堂在实践中的限制条件和面临的挑战

一、翻转课堂在实践中的限制条件

（一）网络化教学环境的限制

翻转课堂形成初期，想要课前观看网上教学视频的学生只能局限于在家里看录制好的视频。2011年以后，混合模式出现，结合了网络共享的特点、长处，单一的、地面的教学形式有了长足的改变。尽管单一课堂不再受地域、时间等因素的影响，但翻转课堂实施的基础条件——网络化教学环境是必不可少的。

从我国现阶段的硬件设施来看，我国的网络化教学环境普及面还不够广，除却经济较发达的我国东部和一些大、中型城市的一些学校有这样的基础和条件；在大部分农村地区，相对于教育主体而言，教师能够通过手机、电脑等现代高端设备来进行网络共享，但仍有亿万客体学生在家还不具备网络共享的条件，所以农村家庭的网络化环境建设还需加快步伐。

（二）实施范围限制

相比于高中生或大学生，小学生由于年龄小、知识与能力基础不牢固、自主学习性不强等，在九年义务教育时期，其实是不适合进行单一的课堂实践的，这种现状和基础条件是被教育学者认可的。

对于翻转课堂这种全新教学模式，要想在国内进行更大范围的实施，机遇与挑战并存。所谓机遇是指全新的教学模式为我国的教育事业注入了新鲜的血液，刺激产生新的发展；而想要更大范围地实施翻转课堂就必须要考虑限制条件，并且与我国面临的具体情况相结合。

二、大范围实施翻转课堂所面临的挑战

（一）各学科优质教学资源的研制与开发

单一的形式要求客体在之前就要对教师所要讲的影音视频进行预习，这样的影音视频是按照最传统的方法进行的录制，后来发展成为"微视频"（一种优质教学资源）；各学科部分的具体内容、框架体系的状况不尽相同，假如想在将来能全面推行这样的

新型混合模式,做到家常化,那必定需要大量的这样的视频。

在美国同样有一个不以收费为目的的学院型民间场所,其能够使大部分学科的优质资源得到高效的研究、开发。在我国,目前还没有相类似的民间机构,因此,在这方面仍将面对很复杂的情况和挑战。但是令人欣慰的是,某师范大学牵头成立了平台联盟,成立该联盟的目的是"借助慕课平台,实施'翻转课堂',实现学校教学模式的变革,为创新人才的培养创造良好环境"。

该联盟成立以后,各中小学陆续加入。目前为止,加入的学校已达几百所。这对于大范围解决优质教学资源的研制、开发与共享问题起到了很好的带头作用。

(二)教育主体的思想、观念亟须更新

复合式学习方式兼具特殊性与共性,这里所说的复合式就是把客体上课前的看视频学习和课堂面对面教学两种形式相结合。课前看影音视频预习是以自己把握学习状况为主,但是整个课程的脉络、重点、小点的结构以及点与点之间的内在联系,仍然需要主体进行实际讲解;课堂上进行面对面教学是在教师指导下,由学习客体对教师提出的问题进行反复的思考,对作业进行独立完成,对实验中的分歧进行分组讨论。分析可知,在"混合式"学习的教学方法中教师的教育思想和教学观念起着至关重要的作用。因此,为更好地达到预期教学效果,还应提高对教师的关注。

在中国教育发展史中,教师就是起表率的,是传递知识、教授学业、解答疑惑的。这主要是突出老师在教学过程中不可替代的地位,强调的是教师在实际讲授过程中对进度的把控。总结起来就是,重视教大于学,由此可见教师在教学中的重要地位。

我国在古代教学中,推崇的是"以教师为中心"的教育思想,而在古代西方的教育思想有别于中国的教育思想。

1900年左右,就有学者提出以教授对象、以学为中心的教育理论,到20世纪中期,又有学者提出,意在除了重视学生客体地位,还要让他们能够自我发现式学习。由此我们能看出,他们的教育历史就是重视学的客体。课前看视频学习以学生自主学习为主,但并未忽视教师的讲授;面对面的讲授重视的是主体的指导作用,其实更应重视学生怎样在主体的引导下,通过思考解决小组讨论的问题,并加以理解。因此,要使这两部分的教学都能达到预期的目标,教师应该树立的教育思想既不是以教育的主体为中心,也不是以教育的客体为中心,而是以 blended-learning 为标志的"混合式"教育思想(一般简称为 B-learning)。用我们中国本土的方式来表达,就是教师与学生相结合,主与客相结合的理念,要把传统教与学方式的优势和网络化教与学方式的优势结

合起来；也就是既要充分发挥引导与把控全过程的主导作用，又要把客体自我主动性、上进性、创造性调动出来。

  与此同时，随着对翻转课堂的深入了解和逐步落实，实践中主体的思想、观念就显得特别的重要。对于怎样进行教与学这个问题，以教师为主的观念中，毫无疑问必定强调的是老师的主体地位，强调的是老师在实践中的讲，客体就是接受。然而如果以学生为主体，那就截然不同了，其观念就必定是强调自我主动学习，并寻求探究合作，最后支持的一定是后者的观念。

  在这种拒绝单一、拒绝局限性的复合式的观念、思想中，由它把主客相结合的思想作为主要思想，则是兼取授予接受和自我主动学习这二者之所长而形成的一种全新观念。

  新型教学观念是讲授有意义的知识，让客体有意识的接受和自我主动学习这二者混合，而不是这两种教学观念的简单重叠，并要以适当的方式加以贯彻实施，才能达到较好的效果，在翻转课堂顺利实施的过程中，教师教育思想和教学观念的更新显得日益重要。

第四节 中国式翻转课堂的未来发展

2015年7月国务院在《关于积极推进"互联网+"行动的指导意见》中明确提出,"互联网+"教育环境下"教"与"学"需要以互联网为中心而展开,当"互联网+"与传统教学相结合,传统的教育内容、教育模式、教育评价等方面在内容、方式上都会有很大的改变。

《教育信息化"十三五"规划》明确指出,全面推进职业教育信息化的发展是当前教育工作的重中之重。

在中职工业机器人专业方面,中职教师最需要解决的是怎样在顺应当前互联网时代潮流下,改变固有的中职教育教学模式,实现互联网思维教学。工业机器人专业的培养目标是,以企业实际应用为标准,培养精通机器人操作保养、调试安装并具备一定机械及出气相关基础能完成简单生产方案设计及应用的全面技术型人才,与我国相比,外国职业教育比较重视实践能力,但也应该注意把理论与实际结合在一起,用理论更好地指导实践。

长久以来,机器人研究方面的资金、人才投入都在不断增加,工业机器的发展对行业内人才的需求和要求都在不断提高,实际上兼具理论与实践的人才却很稀缺,要解决人才培养这一问题,关注点应转向,需要将教学与实际相结合,在教学中引入实践让学生更有目标性。要在内容、方法等方面进行彻底改变,大胆深入研究,要按照项目的指引、任务的原动力的课程理念,尽可能满足优质大企业对合格人才的需求。

一、理论概述

所谓项目式教学法是一种理实结合、工学结合、任务动力、科目主导相统一的新型教学模式。在整个实践过程中,主体教师只负责引导,由学生自主进行操作。由此体现项目式教学的综合性和开放性。

当职业学校对项目式教学法的运用率越来越高,科目相统一的问题也在日益突出:在实际教学过程中,时间无法控制,活动无法组织;任务情境难以充分模拟;包含内容多、科目容量大。在网络大背景下,学生可以用现代的网络手段了解所学的内容,实践过程中,进一步对知识了解内消,这种理念即为翻转课堂的一种教学理念——混合学习思想。将该理念融入项目式教学,学生能在做之前先从网络了解内容,线下开展深入研究,这样合理地解决了在教学实际中时间紧任务重的问题;学生通过课前观看教学视频了解现实的工作场景,从而解决了实际工作中会遇到的问题。这种教学法是通过让学生参与到作业中,最终实现"做中学"。项目学习必须以产品或者陈述等形式结束。要充分体现学生独立思考的能力。

本质上,项目式教学注重的是学生相互支持完成作业与自我主动学习创新的养成,而非实施的过程。在作业的设计中,教师就应该时刻谨记以客体为主,把客体的积极性调动起来,让他们都自愿参与到作业中来。机器人专业中的项目都来源于企业的实际需要,在教学中可以培养学生具体能力,促进对所学内容的理解、加深记忆。

二、基于"互联网+"的项目式翻转课堂教学模式研究

(一)"互联网+"的真实特征

"互联网+",一方面是科学技术上的"互联网+",另一方面是思想、理念、模式上的"互联网+","互联网+"的特征主要体现在以下三方面。

1. 内容多元化

在传统课堂上,教学内容是学与教之间信息的相互表达,这种表达不仅是实践标准、素材也是课程实践本身。在网络共享时代,需求者可以在网上找到想要的任何素材,而且资源的形式也是多种多样;并且,高端技术的广泛化和智能机的普遍化,使自我主动学习更容易收集素材、视野思维得到扩展。

2. 空间转变多样化

伴随着网络的兴起,高端智能设备的进一步发展,网上授课形式给予了复合式学习不一样的意义,学习者可以随时随地进行学习。不再受时间、地域等的限制。以非单一的实践为例,为了使各种语言相互间都可沟通,影音视频可以附上字幕解决。

3. 评价真实化

这种网络共享集合了对比分析、技术评估等,学习次数、发表意见、采纳建议的情况都可以数据化。实践主体能通过数据、对比分析值、评估情况掌握主动学习者的学习情况,以便更好地做出正确决策或适度调整。在网络上,实践主体通过对数据、兴趣、热点问题的讨论、作业单元测试情况,就能判断出学生是否主动、努力投入学习。

(二)"互联网+"组成特征

面对面的教学实践对实践过程中的秩序、活动节奏的有效把握均有较高的要求,在网络实践范围内,以客体为中心被特别强调,教与学的环境对于自我主动学习的人

的自我化发展很有帮助。以职教高地云平台来说,这样的区域组建了既适用于线下,又适用于线上的复合式教学形式,采用多位一体的"互联网+"职业教育云平台,网站主要为教师提供四大中心服务:实践,主体可以把握自己的资源;班级,了解集体状况;题库中心,在线批阅作业;个人,发布信息,修改个人信息。网站为学生提供三大中心服务:学习,学生可以报名学习,下载,提问解答,整理笔记;班级,可以使教师学生联系在一起;个人,了解个人信息。

不是只有在网络上,还可以使用微信平台,随时学习,便于管理,开发资源等多位一体的个性化、人性化、便利化、迅速化的教学形式。微信主要有三大功能:消息公告,接收教育部的公共消息,学校班级公告;精品推荐,同步学校的课程资源;个人中心,班级通知,账号绑定,管理课程资源与个人空间数据,批阅作业与答疑。连接工具、学习工具、教学工具、管理工具、价值发现工具、资源共享工具,根据这六种网络功能,组成了多位一体的学习环境,打破原有形式,有利于技能专业教育的实践形式得到快速发展。网络集合了连接、管理、价值发现、资源等。这个平台可以使教学主体提高实践效率;管理得到提高,易于学生、家长的相互理解。

(三)网络课堂形式设计

科目的实践一般包括几个阶段:科目选择、预期、活动、制作过程、互相交流以及最后的评价。这六个阶段融入翻转课堂的教学过程,包括之前、过程中、之后。单一的实践的特点就是在课前把要学的知识了解一遍,把它内销,在过程中把之前的难点再加以解决即可,更有针对性。根据单一课堂的特征,把其应用到实践中,针对项目式教学现状的不足,利用这种课程的优势,使其以更高效的形式得以展示。

1. 课堂准备

课前实践主体是教师,应该提前准备好素材,应该包含有重点、有难点的短课影音和预教案,要把这些前期教学素材上传到网络,然后愿意主动学习的就可以通过登录自己的账号,进行预习,了解项目的进展,可以向主体对相关难点进行提问,主客之间,学生与学生之间便于互动。

2. 课堂步骤

过程中,讲授的主体可以用网络指导客体学习,也可设置障碍,主体对问题分组,要明确重、难点,当客体参与其中后,所有相关的问题均可在这个网络区域进行探讨,课题有好的影音作品也可上传到这个区域进行交流,主体最后要对可提问的问题进行解惑,并给出评价。

3. 课堂反思

完成后,实践主体应该把这个网络区域的要素汇总,进行节后反思,补充自己素材中学生大多质疑的部分,并追踪指导,也可个别讲授。同样的,客体可以一直保留着在这个区域的所有记录,自己的问题反思,主体的回馈,准确的评价、建议。实践主体对客体的评价应是网络上和线下混合式完成的,把网络上的浏览次数、交流内容与线下实践中的具体成绩共同加入评价中,两者按比例折合计算学生的成绩。

三、基于"互联网+"的项目式翻转课堂教学模式应用案例

所谓翻转课堂的教学方法,是把所有大的、总的工作任务、技能进行拆分,拆分成一个又一个的独立小问题,最后把每个小任务的工作在进行重新结合。

(一)课前活动

在单一的实践过程中,学习知识的主要渠道就是客体学生通过对网络的素材翻阅,了解讲授内容,观看主体之前上传的素材。

1. 主体准备阶段

每科的主体实践教师用身份认证登陆共享网络区域,列出这阶段的项目任务;用一个微视频来介绍应用案例,简介项目只是短课的一部分,短课还有重难点部分。

2. 客体自主学习

实践的客体要自我主动到区域内查找主体留下的素材、影音、短课,按照自己的初步掌握情况,检测自己的学习效果,学生可以反复观看直到充分明白,还可以选择性看拓展材料进行个性化学习,仔细观看项目的流程并记下疑难点,也可以在区域内与同学、老师交流。

(二)课中活动

1. 跟踪检验

在实践教学之前,教学主体通过这个区域能充分知道每个参与者的预习情况,提出几个典型问题了解学生课前学习情况,并让学生自己讨论交流一起解决。然后利用平台分析项目工作流程要点,解答学生的疑问。

2. 深入探究

通过跟踪检验,实践过程中主体已经通过平台大概地了解了学生的学习情况,主体调整方案先讲解重、难点,发放素材,组织配合,共同探讨,学生课上可以用PC或者手机不断地重复观看视频,用这种方式,主体不需要重复自己的授课内容,实践过程中

教师主要针对出现的问题进行组织，解决问题。学生可以在平台上展开讨论并将自己做的项目流程拍成视频并上传，教师要及时做出评价。考虑到学生水平和能力不一样，所以要进行分组，根据实际参与人数确定小组个数，利用平台标记每次分组情况，这样教师可以记录并查看每次学生的分组情况，同时教师可以事先培养一批学生担任小组长，易于客体间的协作。

3. 成果共享

实践完成后，要及时检测客体的吸收情况，要让客体把自己的完成结果上传到共享区域，要选择代表对此次项目做出总结：项目的流程、问题以及解决和改进，加深对项目的理解，讨论交流项目也可以使客体表达自己心中所想。

（三）课后活动

1. 成果评价

成果评价主要分线上评价和线下评价两部分，由教师制定评价标准进行测评，线上评价主要按照客体在这个区域的参与程度、作品打分、开课前的自学测试进行测评，线下评价主要是课堂面对面的参与，包括学生具体的实践情况，根据线上、线下的综合测评，最终得出学生的成绩。

2. 反思总结

实践完成后，实践主体对课前准备到客体接受效果进行汇总反思，再将出现的疑问进行梳理，完善教材以便改进自己以后的教学策略。实践完成后在网络区域内修改客体作品，课后在平台批改学生作品、给学生作品进行评价并按照相应比例打分。客体要通过教师的修改进行再创作。

"互联网+"思维和翻转课堂的项目式教学模式科学地改变了原有的教学形式，当前对教育环境的研究是技术与理念的结合，使更多能适应社会、高效解决难题的人才走向社会。

参考文献

[1] 杨峰.教育信息化2.0视域下高等教学信息化发展水平评价研究[J].无线互联科技，2022，19(02)：149-150.

[2] 刘松，张彬."双一流"背景下高等教育信息化教学改革与实践研究[J].软件，2022，43(01)：35-37+48.

[3] 袁杰，赵倩怡，童华炜，宋金良.信息化时代土力学专业教学改革研究——以广州大学为例[J].高等建筑教育，2021，30(06)：87-92.

[4] 甘婉霖.贵州省高职教育信息化服务提升研究[D].贵州大学，2021.

[5] 代锋.高等职业教育信息化教学改革"热"的冷思考[J].职业教育(下旬刊)，2021，20(11)：17-24.

[6] 韦贤.互联网时代下的高等教育教学创新管理探索——评《"互联网+"背景下高等教育信息化的改革与创新研究》[J].中国科技论文，2021，16(11)：1289.

[7] 李新房，李静，孙淑文.教育信息化2.0时代西藏高等教育信息化创新发展瓶颈与对策研究[J].西藏民族大学学报(哲学社会科学版)，2021，42(06)：147-154.

[8] 张园园，孙兆统，余沛东，周恒胜.基于沉浸式虚拟仿真的物流专业创新人才培养研究[J].物流科技，2021，44(10)：166-168.

[9] 薛梅.高等教育信息化建设促进教育教学改革创新的研究[J].陕西教育(高教)，2021(06)：65-66.

[10] 蒋鑫.美国基础教育信息化发展与变革研究（1958-2018）[D].福建师范大学，2021.

[11] 贾佳.未竟的改革：中国高等教育的第三次转型[D].南京师范大学，2021.

[12] 张静.高等教育信息化与传统文化融合创新模式探究——评《"互联网+"背景下高等教育信息化的改革与创新研究》[J].科技管理研究，2020，40(15)：259-260.

[13] 梁玉祝.传播学视域下普通高校成人高等教育信息化研究[D].湖南农业大学，2020.

[14] 李晴雯.教育信息化2.0时代高等教育时空的转变与应对研究[D].湖北大学，2019.

[15] 任毅，费明明，赵晓欢，甘文田.大数据在高等教育信息化改革中的创新应用[J].

中国成人教育，2016(14)：37-40.

[16] 姚立宁，王宇川，陈晓平，陆虹璋．以高等教育信息化建设促进教育教学改革创新 [J]. 教育教学论坛，2016(19)：95-96.

[17] 彭万里，杨振华，谭晓朝．信息技术应用于材料类专业实验教学现状研究 [J]. 实验室科学，2013，16(05)：62-65.

[18] 肖雄，何旭明．高等教育大众化和信息化社会背景下的大学学习变革——第十次全国高校学习改革与创新研讨会会议综述 [J]. 中国大学教学，2011(05)：94-95.

[19] 陈光海，汪应，杨雪平．信息化教学理论、方法与途径 [M]. 重庆：重庆大学出版社，2018.

[20] 钱振勤，叶怀义．战斗力生成模式的系统分析与军事教育创新 [M]. 南京：东南大学出版社，2012.